René Steiner

Theorie und Praxis relationaler Datenbanken

René Steiner

Theorie und Praxis relationaler Datenbanken

Eine grundlegende Einführung
für Studenten und Datenbankentwickler

Gedruckt auf säurefreiem Papier

ISBN 978-3-528-05427-4   ISBN 978-3-322-84265-7 (eBook)
DOI 10.1007/978-3-322-84265-7

Inhaltsverzeichnis

1   **Einführung** 1

   1.1   Hinweise zur Verwendung dieses Buches 2
   1.2   Die Begleitdiskette 3

2   **Allgemeines über Datenbanken** 5

   2.1   Definition und Aufgaben 5
   2.2   Datenbank-Grundsätze 6
   2.3   Bestandteile einer Datenbank 6
   2.4   Datenbankmodelle 8
   2.5   Fragen und Aufgaben zu Kapitel 2 12

3   **Datenbanktheorie** 13

   3.1   Das Globale ER-Modell 13
      3.1.1 Erklärung der wichtigsten Begriffe 14
      3.1.2 Beziehungen 16
         3.1.2.1   Die 1-1 Beziehung 20
         3.1.2.2   Die 1-c Beziehung 21
         3.1.2.3   Die 1-m Beziehung 23
         3.1.2.4   Die 1-mc Beziehung 24
         3.1.2.5   Die c-c Beziehung 24
         3.1.2.6   Die c-m Beziehung 27
         3.1.2.7   Die c-mc Beziehung 29
         3.1.2.8   Die m-m Beziehung 31
         3.1.2.9   Die m-mc Beziehung 33
         3.1.2.10   Die mc-mc Beziehung 35
         3.1.2.11   Rekursive Beziehungen 37
         3.1.2.12   Mehrfachbeziehungen 41
      3.1.3 Generalisierung/Spezialisierung 43
         3.1.3.1   Zugelassene Überlappung 44
         3.1.3.2   Vollständige Überdeckung 45
         3.1.3.3   Überlappung nicht zugelassen 47

3.2 Der Normalisierungsprozess 48
   3.2.1 Abhängigkeiten..49
   3.2.2 Die 1. Normalform..51
   3.2.3 Die 2. Normalform..53
   3.2.4 Die 3. Normalform..54
   3.2.5 Höhere Normalformen (Globale Normalisierung) 56
   3.2.6 Optimale Normalformen 57
3.3 Strukturregeln 58
3.4 Der logische Entwurfsprozess...60
   3.4.1 Aufgabenstellung..62
   3.4.2 Bildung von Entitätsmengen.......................................63
   3.4.3 Festlegen der Beziehungen..63
   3.4.4 Definition von Identifikationsschlüsseln 64
   3.4.5 Globale Normalisierung 65
   3.4.6 Lokal-Attribute 69
   3.4.7 Konsistenzbedingungen...71
   3.4.8 Transaktionen definieren 74
   3.4.9 Zusammenfassung..80
3.5 Datenintegrität 81
   3.5.1 Datenkonsistenz 81
   3.5.2 Datensicherung...82
   3.5.3 Datenschutz 83
3.6 Fragen und Aufgaben zu Kapitel 3......................................83

4   Datenbankentwicklung 87

4.1 Ablauf..88
4.2 Projektorganisation...88
4.3 Pflichtenheft erarbeiten 89
4.4 Datenbasis entwerfen...91
4.5 Zugriffsberechtigungen definieren.......................................92
4.6 Datenbasis implementieren...93
   4.6.1 Tabellen generieren 94
   4.6.2 Tabellen indizieren...95
   4.6.3 Zugriffsberechtigungen erteilen 97
4.7 Applikationssoftware erstellen...100
   4.7.1 Benutzermasken erstellen 100
   4.7.2 Transaktionen programmieren.....................................102
   4.7.3 Programmieraufwand 104
   4.7.4 Dokumentation...106
4.8 Reports entwickeln...106
4.9 Menüsystem aufbauen..107
4.10 Benutzer schulen..109
4.11 Weitere Entwicklungsmethoden 109
4.12 Fragen und Aufgaben zu Kapitel 4......................................110

5　Der Datenbankbetrieb 111

　5.1　Aufgaben des DBA...111
　　　5.1.1 Systembetreuung und -überwachung.....................111
　　　5.1.2 Systemänderungen 112

6　Einführung in SQL...115

　6.1　Datendefinition...116
　　　6.1.1 Tabellen erstellen 116
　　　6.1.2 Tabellen ändern 117
　　　6.1.3 Tabellen indizieren...118
　6.2　Datenmanipulation 119
　　　6.2.1 Datensätze (Tupel) einfügen............................119
　　　6.2.2 Datensätze (Tupel) nachführen 120
　　　6.2.3 Datensätze (Tupel) löschen 121
　6.3　Datenabfrage (Query) 122
　　　6.3.1 Einfache Abfragen 122
　　　6.3.2 Abfragen mit Bedingungen...............................125
　　　6.3.3 Datensätze sortieren 126
　　　6.3.4 Datensätze gruppieren 128
　　　6.3.5 Verschachtelte Abfragen (Subqueries)...............130
　　　6.3.6 Tabellen verknüpfen (Joining)..........................132

7　Lösungen zu den Aufgaben..135

ANHANG 141

Mustertabellen zur Kursverwaltung 141
Datenbasis einrichten 146

Literaturverzeichnis 151

Sachwortverzeichnis 153

1 Einführung

Datenbanken gewinnen zunehmend an Bedeutung. Praktisch in jedem Geschäftsbereich und auch im Privatleben fallen Daten und Informationen an, welche man in geeigneter Weise zu verwalten sucht. Wurden früher Bibliotheken noch mit Karteikarten verwaltet, so ist dies heute wegen der stetig wachsenden Informations- und Datenflut praktisch nur noch durch den Einsatz von computergestützten Datenbanksystemen möglich. Besonders beim Suchen bestimmter Informationen wird der Vorteil von Computerdatenbanken wegen des reduzierten Zeitbedarfs deutlich. Aber auch der elektronische Zahlungsverkehr im Bankwesen wäre ohne den Einsatz riesiger Datenbanksysteme nicht mehr zu bewältigen.

Die neuen Technologien bergen aber auch grosse Risiken in sich. So ist es heute möglich, per Knopfdruck Datenbestände unrettbar zu vernichten, für deren Aufbau Dutzende von Mannjahren an Arbeit nötig waren. Auch die Computerkriminalität ist untrennbar mit den Datenbanken verbunden. Geprellte Lohnkontibesitzer und Bankinstitute können davon ein Lied singen. Diese Beispiele zeigen aber, dass Daten vor Verlust und unberechtigten Zugriffen geschützt werden müssen, wofür spezielle Techniken Anwendung finden.

Mit dem Preiszerfall bei den Personalcomputern werden Datenbanken auch vermehrt für private Interessen eingesetzt. Sei dies für ein einfaches Videoverwaltungssystem oder für die Vereinsabrechnung, das Einsatzgebiet von Datenbanken ist sehr gross. Leider stellt sich vielfach der Frust ein, wenn es darum geht, selber ein Datensystem aufzubauen. Denn auch das beste Datenbankprogramm mit Windowstechnik und Maussteuerung versagt kläglich, wenn die Daten nicht in geeigneter Weise strukturiert wurden. Und gerade beim Entwerfen geeigneter Datenstrukturen ergeben sich für Datenbankeinsteiger die grössten Probleme, denn die Datenstruktur bildet das Fundament jeder Datenbankanwendung und entscheidet schlussendlich über Erfolg oder Misserfolg des ganzen Projektes.

Dieses Buch wurde für Personen geschrieben, welche selber Datenbankapplikationen entwickeln möchten oder bei Datenbankprojekten mitarbeiten und sich für die Problematik von relationalen Datenbanken interessieren. Es vermittelt das Grundwissen, welches für den Aufbau und den Betrieb einer Datenbank erforderlich ist und behandelt schwerpunktmässig die Datenmodellierung. Ausserdem vermittelt es die Grundlagen der Datenbanksprache SQL, welche bei vielen Datenbankprogrammen implementiert wurde und eine Art Standard darstellt. Mit Hilfe dieses Buches sollte es auch dem Einsteiger möglich sein, unabhängig von bestimmten Datenbankprogrammen, eigene Datenbankapplikationen zu entwickeln.

1.1 Hinweise zur Verwendung dieses Buches

Kapitel 2 informiert über generelle Aspekte von Datenbanken und gibt Auskunft über die verschiedenen Komponenten eines Datenbanksystems sowie deren Verwendungszweck.

In Kapitel 3 wird ausführlich und mit vielen Beispielen beschrieben, wie Daten strukturiert und in Form von Tabellen verwaltet werden. Dabei wird erklärt, welche grundlegenden Beziehungen es innerhalb einer Datenbasis geben kann und wie sich diese auf die Datenstruktur auswirken. Am Beispiel einer Kursverwaltung wird die Vorgehensweise beim Aufbau einer Datenbasis detailliert erklärt. Das Beispiel „Kursverwaltung" deckt die wichtigsten Datenstrukturierungsprobleme, welche sich in der Praxis ergeben können, weitgehend ab.

In Kapitel 4 wird gezeigt, wie man eine Datenbasis in ein Datenbanksystem implementieren kann und welche Arbeiten bis zur fertigen Applikation zu tätigen sind. Als Beispiel dient wiederum die Kursverwaltung aus Kapitel 3, bei der die Programmentwicklung anhand eines fiktiven Projektes mit mehreren Benutzern aufgezeigt wird.

Kapitel 5 zeigt auf, welche Aufgaben beim späteren Datenbankbetrieb auf den Datenbankadministrator zukommen.

In Kapitel 6 werden die Grundlagen der Datenbanksprache SQL vermittelt, welche je nach Datenbanksystem bei der Programmierung von Transaktionen und Abfragen Verwendung findet.

In Kapitel 7 sind die Lösungen zu den Aufgaben zu finden, welche jeweils am Ende der Kapitel 2, 3 und 4 gestellt werden.

Der Datenbankeinsteiger sollte zuerst Kapitel 2 lesen und sich dann ausführlich mit Kapitel 3 beschäftigen. Anschliessend findet er im Kapitel 4 eine Art Leitfaden für die Applikationsentwicklung. Mit Hilfe des Stichwortverzeichnisses kann das Buch auch als Nachschlagewerk eingesetzt werden.

1.2 Die Begleitdiskette

Im Anhang finden sich Mustertabellen für die Datenabfrage mit SQL. Diese Tabellen sind als Datenbasis für die Datenbanksysteme ORACLE 5.1C für MS-DOS, DBASE IV 1.1 für MS-DOS und MS ACCESS 1.0 für Windows 3.1 auf der Diskette gespeichert und können folgenderweise in die jeweilige Datenbank eingelesen werden:

ORACLE 5.1C:

1. Einen neuen Benutzer einrichten mit ADDUSER.
2. In SQL-Plus einsteigen und nach dem SQL-Prompt eingeben:

```
START [Laufwerk]\ORACLE5\BASISDEF.SQL
```

Nun werden Tabellen eingerichtet, indiziert und die Datensätze eingelesen. Allfällige Fehlermeldungen beim Löschen von Tabellen können ignoriert werden. Wenn das SQL-File ein zweites Mal gestartet wird, wird die alte Datenbasis gelöscht und neu installiert.

DBASE IV 1.1:

Im Regiezentrum das Diskettenlaufwerk anwählen und den Pfad \DBASE4 einstellen. Nun sollten alle Tabellen im Regiezentrum erscheinen. Anschliessend kann zur Kommandoebene gewechselt und der Befehl „SET SQL ON" eingegeben werden. Nach dem Befehl „START DATABASE;" kann eine Liste aller Tabellen mit „SELECT * FROM SYSTABLS;" angezeigt werden.

Achtung: Da dBase alle Tabellen als eigenständige Files verwaltet werden, können diese wegen MS-DOS höchstens achtstellige Filenamen haben. Dies muss bei den SQL-Anweisungen berücksichtigt werden. Statt „SELECT * FROM Kursthemen" muss folglich „SELECT * FROM Kursthem" eingegeben werden.

MS ACCESS 1.0:

Das Menü „Öffnen" anklicken und das Diskettenlaufwerk anwählen. Anschliessend den Pfad \ACCESS einstellen und das Datenbankfile KURSE.MDB öffnen.

2 Allgemeines über Datenbanken

Dieses Kapitel dient als Einstieg in die Datenbanken. Es wird beschrieben, welche Funktionen zu einer Datenbank gehören und welche Werkzeuge eine Datenbank aufweisen sollte.

2.1 Definition und Aufgaben

> Eine Datenbank ist eine selbständige und auf Dauer ausgelegte Datenorganisation, welche einen Datenbestand sicher und flexibel verwalten kann.

Es geht also darum, beliebige Daten verwalten zu können. Bei diesen Daten kann es sich z.B. um Personendaten handeln, welche nur gewissen Benutzern zugänglich sein dürfen. Unter dem Verwalten von Daten versteht man das Eingeben von neuen Daten, das Löschen veralteter Daten sowie das Nachführen bestehender Daten. Ausserdem können Informationen abgefragt und die vorhandenen Daten vor Verlust geschützt werden.

Eine Datenbank hat folgende Aufgaben:

- Sie soll dem Benutzer den Zugriff auf die gespeicherten Daten ermöglichen, ohne dass dieser wissen muss, wie die Daten im System organisiert sind.

- Sie muss verhindern, dass ein Benutzer Daten sichten oder manipulieren kann, für die er keine Zugriffsberechtigung hat. Ausserdem darf es nicht passieren, dass wegen Fehlmanipulationen des Benutzers Daten zerstört werden können oder gar der ganze Datenbestand unbrauchbar wird.

- Es muss möglich sein, die interne Datenorganisation ändern zu können, ohne dass der Benutzer seine Anwenderprogramme (Applikationen) anpassen muss. Im Idealfall merkt der Benutzer von der Strukturänderung nichts.

2.2　Datenbank-Grundsätze

Eine ideale Datenbank sollte folgende charakteristischen Eigenschaften besitzen:

- Die gespeicherten Daten müssen eine überschaubare Struktur aufweisen, damit gleiche Informationen nicht mehrfach (redundant) oder wenigstens kontrolliert gespeichert werden.

- Die Applikationen der Benutzer müssen datenunabhängig funktionieren können, damit Reorganisationen innerhalb des Datenbanksystems die Anwenderprogramme nicht beeinflussen.

- Es muss möglich sein, dass auch bei bestehenden Daten neue Anwendungen entwickelt werden können. Die Datenbank muss also eine gewisse Flexibilität aufweisen.

Die Datenbank muss die Datenintegrität gewährleisten, d.h. widersprüchliche Eingabedaten des Benutzers müssen zurückgewiesen werden und die gespeicherten Daten müssen gesichert werden können, damit bei technischen und manuellen Fehlern keine Datenverluste auftreten. Ausserdem müssen die Daten vor unberechtigten Zugriffen geschützt werden können.

2.3　Bestandteile einer Datenbank

Damit die vorherig beschriebenen Anforderungen erfüllt werden können, muss eine Datenbank gewisse Werkzeuge und Komponenten bereitstellen:

Das Datenbankverwaltungssystem (DBMS). Diese Komponente bildet den Kern der Datenbank und beinhaltet alle für die gesamte Datenverwaltung notwendigen Systemroutinen für Datenbankfunktionen wie Suchen, Lesen und Schreiben. Andere Programme können nur über definierte Schnittstellen des DBMS auf die gespeicherten Daten zugreifen.

Die Datenbanksprache. Dieses Werkzeug bildet die Schnittstelle zwischen dem Benutzer und dem Datenbankverwaltungssystem (DBMS). Bei ORACLE wird die Sprache SQL (**S**tructured **Q**uery **L**anguage) verwendet. SQL besitzt vier Elemente für folgende Aufgabenbereiche:

- **Datendefinition** (Data Definition Language). Dieser Sprachenteil wird benötigt, um die Datenstruktur aufzubauen (Tabellen einrichten, Felder definieren etc.)

- **Datenmanipulation** (Data Manipulation Language). Mit diesem Sprachenteil können Daten in Form von Datensätzen eingegeben, gelöscht und verändert werden.

- **Datenabfrage** (Data Retrievel Language). Mit diesem Sprachenteil können Daten nach frei wählbaren Kriterien abgefragt werden.

- **Datenschutz** (Data Security Language). Dieser Programmbereich hat die Aufgabe, die gespeicherten Daten vor dem Zugriff unberechtigter Personen zu schützen.

Der Maskengenerator. Dieses Werkzeug erlaubt das Erstellen von Eingabemasken für den Benutzer. Mit Hilfe dieser Eingabemasken können Daten leicht eingegeben, gelöscht, verändert und abgefragt werden. Ausserdem ist es möglich, die Eingaben des Benutzers vor dem Abspeichern zu überprüfen und es können während der Dateneingabe im Hintergrund komplizierte Verbuchungen (Transaktionen) ablaufen, ohne dass der Benutzer etwas davon merkt. Der Masken-Generator trägt massgeblich dazu bei, dass die Datenintegrität gewahrt bleibt.

Der Reportgenerator. Für die Auswertung der gespeicherten Daten einer Datenbank muss man die Möglichkeit haben, Daten abzufragen und in einer übersichtlichen Form darzustellen. Dabei kann man zwei Fälle unterscheiden:

- Eine bestimmte Auswertung wird nur einmal benötigt bzw. die Darstellung spielt eine untergeordnete Rolle.

- Die Auswertung wird in der gleichen Form immer wieder verwendet bzw. die Auswertung ist sehr kompliziert.

Beim ersten Fall kann man das Problem einfach mit der Datenbanksprache (z.B. SQL) lösen. Dies ist dann sinnvoll, wenn man schnell Informationen über gewisse Daten haben möchte (z.B. „Wieviele Personen sind im System gespeichert?"). Im zweiten Fall benötigt man ein Werkzeug, welches es ermöglicht, komplexe Abfragen zu programmieren und die gefilterten Daten formatiert und übersichtlich darzustellen (z.B. in Form einer Liste mit Titel, Datum etc.). Dafür wird der Reportgenerator eingesetzt.

Der Menügenerator. Wenn eine Datenbankapplikation mehrere Eingabemasken besitzt bzw. wenn eine Liste mit Datenbankaktionen (Transaktionen) erstellt werden soll, benötigt man einen Menügenerator. Der Benutzer sieht dann für seine Applikation eine Liste (Menü) mit allen Möglichkeiten und kann per Knopfdruck die entsprechenden Programme, Masken und Listen aktivieren (z.B. Neue Personen eingeben, Listen ausdrucken etc.) oder Untermenüs anwählen (Menübaum).

Die soeben beschriebenen Datenbankteile bilden die wichtigsten Komponenten einer Datenbank. Daneben gibt es je nach Produkt weitere Komponenten, wie z.B. Netzwerkprogramme für Client-/Server-Architekturen, Programmierspracheninterfaces, grafik- und mausunterstützte Abfragewerkzeuge für eine vereinfachte Datenbankabfrage usw.

2.4   Datenbankmodelle

Datenbanken lassen sich grundsätzlich in zwei Hauptkategorien einteilen:

- Hierarchische Datenbanken und

- Relationale Datenbanken

Die Unterschiede zwischen diesen beiden Modellen lassen sich am einfachsten an einem Beispiel erklären:

Es soll eine kleine Datenbank für die Verwaltung der besuchten Kurse der Angestellten einer Firma erstellt werden. Es ist folgende Liste vorhanden:

Bild 2.1:
Einfache
Tabelle für eine
Kursverwaltung

Pers. Nr.	Name	Kurs-Nr.	Titel	Datum
121	Meier	100	abc	1.1.85
134	Steffen	100	abc	3.4.87
155	Huber	105	xyz	4.4.88
121	Meier	102	def	10.3.85
155	Huber	105	xyz	1.8.88
121	Meier	102	def	1.2.86

Jeder besuchte Kurs eines Angestellten wurde mit Kurstitel, Kursnummer und Datum abgespeichert. Wenn eine Person einen Kurs zweimal besucht, dann wird jedesmal das Datum notiert. Jede Person besitzt eine Personalnummer.

In einer **hierarchischen Datenbank** werden die Daten in Form einer einzelnen, sequentiellen Datei gespeichert (vereinfachte Betrachtungsweise):

Bild 2.2:		
Aufbau eines	1	121
hierarchisch		Meier
aufgebauten	1.1	100
Datenfiles		abc
	1.1.1	1.1.85
	1.2	102
		def
	1.2.1	10.3.85
	1.2.2	1.2.86
	2	134
		Steffen
	2.1	100
		abc
	2.1.1	3.4.87
	3	155
		Huber
	3.1	105
		xyz
	3.1.1	4.4.88
	3.1.2	1.8.88

Die erste Spalte gibt die Hierarchiestufe an, während in der zweiten Spalte alle Daten der einzelnen Hierarchiestufen stehen. In diesem Beispiel besitzt der Angestellte die höchste Hierarchie, dann folgt der Kurs und zuunterst das Kursdatum. Es wäre auch möglich, den Kursen die höchste Hierarchiestufe zuzuordnen.

Man kann bereits aus diesem einfachen Beispiel erahnen, dass eine hierarchische Datenbank nicht besonders flexibel bezüglich Strukturänderungen ist. Wenn neue Daten gespeichert werden, müsste ein riesiges Umkopieren stattfinden, um die Daten hierarchisch geordnet ablegen zu können. Man behilft sich hier mit Zeigern. Die neuen Daten werden an das Ende der Datei angehängt und in der Datei werden an den entsprechenden Stellen Zeiger abgespeichert, welche auf die neuen Daten verweisen (nach jedem Datensatz muss somit entsprechend Platz für den Zeiger reserviert werden).

Bei **relationalen Datenbanken** werden die Daten nicht hierarchisch in einem File, sondern geordnet nach Themenkreisen (Entitäten) in Form von Tabellen abgelegt. Für das Beispiel „Kursverwaltung" (Bild 2.1) ergeben sich drei Tabellen:

Bild 2.3:
In Tabellen organisierte Daten.

Personaldaten

PNr	Name
121	Meier
134	Steffen
155	Huber

Kursdaten

KNr	Titel
100	abc
102	def
105	xyz

Kursbesuche

PNr	KNr	Datum
121	100	1.1.85
121	102	10.3.85
121	102	1.2.86
134	100	3.4.87
155	105	4.4.88
155	105	1.8.88

Aus diesem Beispiel ist bereits ersichtlich, dass relationale Datenbanken wesentlich flexibler sind als hierarchische Datenbanken. Bei Strukturergänzungen erzeugt man einfach für jedes neue Thema eine neue Tabelle. Dies kann im Idealfall geschehen, ohne dass die übrige Datenstruktur davon berührt wird. Man sieht auch, dass die Daten in den verschiedenen Tabellen unabhängig von irgendwelchen Beziehungen abgelegt werden können, während bei der hierarchischen Datenbank die Daten entsprechend ihren Beziehungen untereinander geordnet werden.

Relationale Datenbanken haben auch Nachteile. Sie werden mit jeder neuen Tabelle schwerer überschaubar. Ausserdem benötigen Abfragen tendentiell mehr Zeit als bei hierarchischen Datenbanken, weil die Daten unter Umständen aus mehren Tabellen zusammengeführt werden müssen, während beim hierarchischen Modell alle Daten in einem Arbeitsgang (sequentiell) gelesen werden können.

Wenn man beim obigen Beispiel z.B. wissen möchte, welche Kurse Herr Meier besucht hat, dann muss zuerst aus der Tabelle „Personaldaten" die Personalnummer von Herrn Meier herausgesucht werden. Anschliessend liest man aus der Tabelle „Kursbesuche" alle Zeilen heraus, in welchen diese Personalnummer vorkommt. Aus diesen Zeilen erhält man die entsprechenden Kursnummern. Mit diesen Kursnummern kann man dann aus der Tabelle „Kursdaten" die Kurstitel ermitteln.

Um solche Abfrage zu tätigen, gibt es spezielle Abfragesprachen wie z.B. SQL. Die besuchten Kurse von Herrn Meier würde man mit folgender Abfrage erhalten:

Bild 2.4:
Beispiel für eine
Datenbankab-
frage mit SQL.

```
SELECT DISTINCT Titel
FROM Personaldaten, Kursdaten, Kursbesuche
WHERE Personaldaten.PNr=Kursbesuche.PNr
AND Kursdaten.KNr=Kursbesuche.KNr
AND Name='Meier';
```

Eine Einführung in die Datenbankabfragesprache SQL findet sich in Kapitel 6.

> Relationale Datenbanken zeichnen sich durch eine grosse Flexibilität bezüglich Änderungen und Ergänzungen der Datenstruktur aus. Sie ermöglichen eine sehr detaillierte Nachbildung der Realität. Gerade diese Flexibilität macht sie jedoch schwer überschaubar, weshalb eine gute Dokumentation der Datenstruktur und der verschiedenen Beziehungen zwischen den Tabellen unerlässlich ist.

In diesem Buch werden fortan nur noch die relationalen Datenbanken behandelt, weil die hierarchischen Datenbanken immer mehr an Bedeutung verlieren und durch relationale Datenbanken ersetzt werden.

2.5 Fragen und Aufgaben zu Kapitel 2

2.1. Welche Aufgaben hat eine Datenbank?

2.2. Welche Datenbankwerkzeuge kennen Sie?

2.3. Welche Aufgaben hat eine Datenbanksprache?

2.4. Welche Vorteile haben relationale gegenüber hierarchischen Datenbanken?

3   Datenbanktheorie

In diesem Kapitel wird vermittelt, wie man aus den meist diffusen Informationen und Anforderungen an eine neue Datenbank eine Datenstruktur entwerfen und soweit verfeinern kann, dass sie den Ansprüchen des späteren Benutzers genügt. Dieses Kapitel stellt die Pflichtlektüre dar, bevor man zur eigentlichen Datenbankentwicklung schreiten kann. Der logische Entwurfsprozess wird anhand eines konkreten Beispiels erläutert. Die hier verwendete Darstellungsart des Entitätenblockdiagrammes entspricht der Notation von [Zehnder 1]. Eine präzisere, aber auch kompliziertere Notation kann der Literatur [Vetter 3] entnommen werden.

3.1   Das Globale ER-Modell

Das ER-Modell (Entity Relationship) stellt eine Erweiterung des klassischen Relationenmodells dar, in der neben der **Normalisierung** der Daten auch globale Beziehungen zwischen den Relationen berücksichtigt werden (globale Normalisierung). Das ER-Modell gibt Regeln vor, mit denen sich Daten so strukturieren lassen, dass sie bestimmte Kriterien erfüllen.

> Die globale Datennormalisierung bezweckt, dass **Redundanzen** (mehrfaches Speichern von gleichen Informationen) eliminiert werden und damit die **Datenkonsistenz** (Eindeutigkeit der Daten) gewährleistet werden kann.

Redundanzfreie Datenspeicherung bedeutet, dass eine bestimmte Information in einer Datenbank nur gerade einmal vorkommt. Wenn z.B. die Personaldaten eines Herrn Müllers abgespeichert werden, dann existiert der Name „Müller" nur an einem einzigen Ort in der Datenbank.

Datenkonsistenz bedeutet, dass Daten eindeutige Informationen darstellen. Sollten in einer Datenbank z.B. mehrere Müller existieren, so müssen diese z.B. durch eine Personalnummer eindeutig unterschieden werden können. Mehr Informationen finden sich im Kapitel 3.5.1.

Das ER-Modell verwendet eine Menge neuer Begriffe, welche vor allem im Zusammenhang mit Datenbanken verwendet werden. Um sich mit einem Datenbankspezialisten unterhalten zu können (hoffentlich nur fachlich), ist es nötig diese Begriffe zu kennen. Die wichtigsten Begriffe werden deshalb im nächsten Kapitel anhand von Beispielen erklärt.

3.1.1   Erklärung der wichtigsten Begriffe

Die Datenbankbegriffe lassen sich aufteilen in Begriffe der Datenbanktheorie und der Informatik. Bei den folgenden Begriffserklärungen werden zuerst die Bezeichnungen in der Datenbanktheorie und in Klammern die Informatikbezeichnungen aufgeführt.

Entität (Tabellenname): Eine Entität stellt einen Themenkreis dar, welcher Elemente mit gleichen Merkmalen umfasst. Bsp.: Personen, Kurse, Ersatzteile etc.

Entitätsmenge (Datensätze): Die Entitätsmenge beinhaltet alle zu den Merkmalen einer Entität gehörenden Werte. Sie entspricht allen gespeicherten Datensätzen einer Tabelle.

Relation (Tabellen): Eine Relation umfasst eine Entität mit der dazugehörenden Entitätsmenge. Man versteht darunter eine komplette Tabelle mit Entitätsbezeichnung, Attributen und Tupel.

Tupel (Datensatz): Ein Tupel umfasst alle Merkmalswerte eines Elementes als Bestandteil einer Entitätsmenge. Ein Tupel entspricht einem vollständigen Datensatz. Bsp.: Müller, Hugo, Planetenweg 7, 1234 Neustadt. Alle Tupel einer Enität zusammen bilden die Entitätsmenge.

Attribut (Spaltenname): Das Attribut entspricht einem Merkmal eines Tupels und beschreibt somit eine spezifische Eigenschaft einer Entitätsmenge. Bsp. Name, Adresse, Alter etc.

Attributwert (Wert, Datum): Dies ist ein Datenwert, welcher das zugehörige Attribut eines Tupels beschreibt. Bsp: Attribut = Name; Attributwert = Müller. Vielfach wird anstatt des Wortes „Wert" der Begriff „Datum" verwendet. Datum und Wert sind Synonyme, haben aber mit dem Kalenderdatum nichts zu tun.

Domäne (Wertebereich): Gewisse Attribute schränken die zugehörigen, möglichen Attributwerte ein. Das Attribut „Wochentag" lässt beispielsweise nur die Attributwerte Mo, Di, Mi, Do, Fr, Sa und So zu. Diese Wertebeschränkung nennt man Domäne oder Wertebereich.

Nullwerte: Wenn ein Attribut eines Tupels einen Nullwert enthält, so bedeutet dies, dass dieses Attribut keinen Attributwert besitzt und somit keine Information beinhaltet. Der Nullwert darf nicht mit der Zahl Null verwechselt werden. Die Zahl Null stellt eine Information dar, der Nullwert jedoch nicht.

Die bisher beschrieben Begriffe lassen sich am einfachsten mit einer Tabelle darstellen:

Bild 3.1:
Aufbau einer
Relation

Relation Personen:

Entität (Tabellenname) ➜   **Personen**

Attribute ➜

PNr.	Name	Vorname	Grösse	Geschlecht
1234	Müller	Hans	182	m
5634	Suter	Ernst		m
2456	Tarelli	Claudia	170	w
1123	Brunner	Diana	172	w

Tupel (Datensatz) ➜

Attributwerte

In dieser Tabelle ist die Grösse von Herrn Suter nicht bekannt. Damit besitzt er einen Nullwert im Attribut „Grösse".

Datenbasis: Alle Relationen zusammen bilden die Datenbasis. Die Datenbasis besteht somit aus allen gespeicherten Daten einer Datenbank.

Datensystem: Die Datenbasis, die Zugriffsberechtigungen und die dazugehörenden Applikationsprogramme bilden zusammen ein Datensystem. Dieser Begriff darf nicht mit dem Begriff „Datenbank" verwechselt werden.

Datenbank: Der Datenbestand und das Datenverwaltungssystem bilden zusammen eine Datenbank. Die Applikationssoftware ist kein Bestandteil einer Datenbank.

3.1.2   Beziehungen

Im vorherigen Kapitel wurde beschrieben, was man unter einer Relation zu verstehen hat. Die einzelnen Relationen einer Datenbasis dürfen jedoch nicht nur isoliert betrachtet werden. Zwischen den Entitätsmengen der einzelnen Relationen können diverse Beziehungen bestehen. Die Anzahl der möglichen Beziehungstypen ist begrenzt und ergibt sich aus der Kombination der möglichen Assoziationstypen.

Assoziation: Eine Assoziation legt fest, wieviele Tupel (Datensätze) einer Relation 2 (Tabelle 2) zu einem Tupel (ein Datensatz) der Relation 1 gehören können. Es gibt vier verschiedene Assoziationstypen:

Bild 3.2:
Mögliche
Assoziations-
typen

Abkürzung	Assoziationstyp	Anzahl Tupel der Relation 2
1	einfache Assoziation	genau ein Tupel (1)
c	konditionelle Assoziation	kein **oder** genau ein Tupel (0/1)
m	multiple Assoziation	mindestens ein Tupel ($\geq$1)
mc	multipel-konditionelle Assoziation	beliebig viele Tupel ($\geq$0)

Beispiel: Eine Tabelle „Personen" enthalte diverse Personaldaten und eine andere Tabelle „Autos" enthalte diverse Autokenndaten. Es wären dann folgende Assoziationen von der Tabelle Personen zur Tabelle Autos denkbar:

Typ 1:   Jede Person besitzt **genau ein** Auto.

Typ c: Eine Person kann **ein oder kein** Auto besitzen.

Typ m: Jede Person besitzt **mindestens ein** Auto.

Typ mc: Eine Person kann **beliebig viele** Autos besitzen (auch Keines).

Jede Assoziation (Relation 1 zu Relation 2) besitzt auch eine Gegenassoziation (Relation 2 zu Relation 1). Kombiniert man diese zwei Assoziationen miteinander, so erhält man eine **Beziehung**.

Die möglichen Beziehungsarten werden in den folgenden Kapiteln ausgiebig erläutert, wobei vorerst nur der einfache Fall, nämlich die Beziehung zwischen zwei Relationen, behandelt wird.

Eine Beziehung zwischen zwei Relationen wird folgendermassen dargestellt:

Bild 3.3:
Entitätenblock-
diagramm für
Beziehungen
zwischen zwei
Relationen

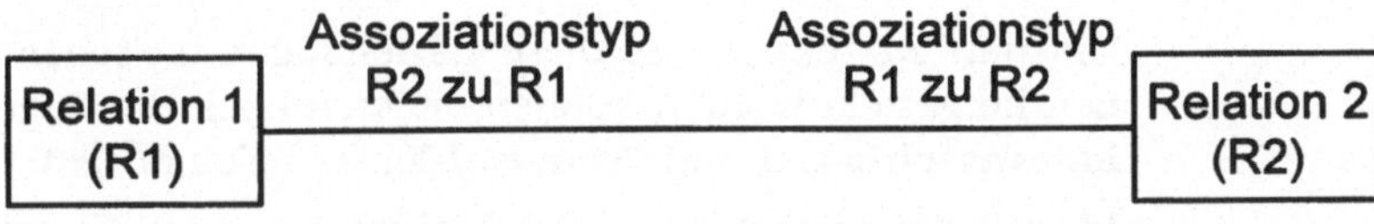

Für das schon beschriebene Beispiel „Autos und Personen" könnte man beispielsweise folgende Beziehung herstellen:

Bild 3.4:
Entitätenblock-
diagramm als
Beispiel für eine
1-c Beziehung

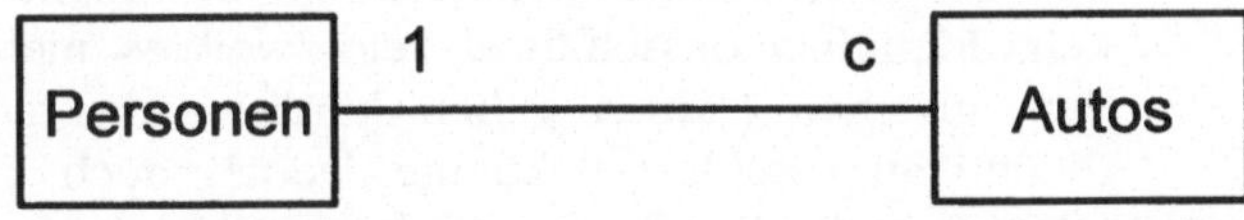

Damit kann zum Ausdruck gebracht werden, dass eine Person entweder kein oder genau ein Auto besitzt und dass ein Auto genau einer Person gehört. Eine solche Beziehung nennt man „1-c" Beziehung. Die Darstellungsart heisst **Entitätenblockdiagramm**.

Ausgehend von den vier verschiedenen Assoziationstypen gibt es also max. 16 verschiedene Beziehungstypen, welche in folgender Tabelle aufgeführt sind:

Bild 3.5:
Mögliche Be-
ziehungstypen

R2↓ / R1→	1	c	m	mc	
1	1-1	c-1	m-1	mc-1	← hierarchische Beziehungen
c	1-c	c-c	m-c	mc-c	← konditionelle Beziehungen
m	1-m	c-m	m-m	mc-m	← netzwerkförmige Beziehungen
mc	1-mc	c-mc	m-mc	mc-mc	

Es sei hier bereits gesagt, dass konditionelle und netzwerkförmige Beziehungen im ER-Datenmodell nicht zulässig sind und umgewandelt werden müssen. Somit sind nur hierarchische Beziehungen zwischen zwei Relationen erlaubt. Die Gründe für diesen Sachverhalt werden bei der Diskussion der einzelnen Beziehungstypen detailliert erläutert.

> Im ER-Datenmodell sind nur hierarchische Beziehungen (1-1, 1-c, 1-m, 1-mc) zwischen den Relationen erlaubt. Konditionelle und netzwerkförmige Beziehungen müssen umgewandelt (transformiert) werden.

Um nun zu zeigen, wie diese Beziehungen zwischen den Relationen hergestellt werden können, müssen noch die Begriffe **Identifikationsschlüssel** und **Fremdschlüssel** bekannt sein:

Identifikationsschlüssel (Id-Schlüssel): Jedes Tupel einer Entitätsmenge muss eindeutig identifizierbar sein. Dies kann durch ein Attribut oder einer Kombination von Attributen gewährleistet werden. Beispielsweise ist eine Person in einer Firma eindeutig durch ihre Personalnummer identifizierbar. Der Name einer Person kann kein Identifikationsschlüssel sein, weil es mehrere Personen mit dem gleichen Namen geben könnte (z.B. mehrere Meier). Der Identifikationsschlüssel könnte jedoch auch aus den Attributen „Name" und „Vorname" gebildet werden, wenn sichergestellt werden kann, dass es keine zwei Personen geben kann, die z.B. Hans Müller heissen. In diesem Falle kann auf eine Personalnummer verzichtet werden. Der Identifikationsschlüssel muss folgende Kriterien erfüllen:

* Jedes Tupel muss eindeutig identifizierbar sein. Es dürfen nicht mehrere Tupel einen Identifikationsschlüssel mit dem gleichen Attributwert bzw. mit der gleichen Kombination von Attributwerten aufweisen. Der Identifikationsschlüssel muss also eindeutig sein.

* Jedem neuen Tupel muss sofort der entsprechende Attributwert des Identifikationsschlüssels zugeteilt werden können.

* Der Identifikationsschlüsselwert eines Tupels darf sich während dessen Existenz nicht ändern.

Häufig wird statt „Identifikationsschlüssel" der Begriff **„Primärschlüssel"** verwendet. Diese beiden Begriffe sind aber nicht gleichbedeutend. Der Primärschlüssel wird direkt in die Speicherorganisation einbezogen und ist somit der physikalischen Datenebene zugeordnet. Der Id-Schlüssel hingegen ist der logischen Datenebene zugeordnet. Ausserdem muss ein Primärschlüssel nicht zwingend eindeutige Schlüsselwerte besitzen, obwohl dies in der Praxis meistens der Fall ist. In diesem Buch wird nur der Identifikationsschlüssel verwendet.

Fremdschlüssel: Ein Fremdschlüssel in einer Relation R2 ist ein Attribut oder eine Attributkombination, welche in einer Relation R1 den Identifikationsschlüssel bildet. Ein Fremdschlüssel in R2 kann nur diejenigen Attributwerte annehmen, welche bereits im Identifikationsschlüssel der Relation R1 existieren.

In den folgenden Kapiteln werden alle möglichen Beziehungstypen anhand von Beispielen diskutiert. Spiegelbildliche Beziehungen (z.B. 1-c und c-1) werden nur einmal behandelt, da diese Beziehungstypen ja nur davon abhängig sind, in welcher Reihenfolge man die Relationen hinschreibt.

Den Aufbau einer Relation kann man mit folgender **Kurzschreibweise** wiedergeben:

```
Entitätsname (Id-Schlüssel, Attribut1, Attribut 2, ... , Attribut n)
```

In dieser Schreibweise wird Name der Relation fettgedruckt und der Id-Schlüssel unterstrichen hingeschrieben. Falls der Id-Schlüssel aus Fremdschlüsseln aufgebaut ist, so werden alle zur Bildung des Id-Schlüssels erforderlichen Fremdschlüssel unterstrichen. In seltenen Fällen muss ein am Id-Schlüssel beteiligtes Attribut doppelt unterstrichen werden (siehe c-c Beziehung).

Beispiel: **R1** (F-R2, F-R3, F-R4, F-R5, x, y, z)

Der Id-Schlüssel der Relation R1 wird somit gebildet aus der Kombination der Fremdschlüssel „F-R2" und „F-R3" sowie dem Fremdschlüssel „F-R4". Dies bedeutet, dass in der Entitätsmenge der Relation R1 jede Attributwertkombination von „F-R2" und „F-R3" und jeder Attributwert vom Fremdschlüssel „F-R4" nur einmal vorkommen darf. „F-R5" ist ein Fremdschlüssel, welcher nicht im Id-Schlüssel der Relation R1 vorkommt und x, y, z sind beliebige Attribute. Diese Einschränkungen verdeutlicht folgende Tabelle:

Bild 3.6:
Zusammengesetzte
Id-Schlüssel

F-R2	F-R3	F-R4	F-R5	...
1	1	2	...	...
1	2	3	...	...
2	1	4	...	...
2	2	1	...	...
3	5	5	...	...

Die **Wertekombination** „F-R2" = 1 und „F-R3" = 1 darf in der ganzen Entitätsmenge somit nur einmal vorkommen, während das Attribut „F-R4" den **Wert** „2" nur einmal annehmen darf. Eine Kombination 3-2-1 wäre somit unzulässig, weil es schon ein Tupel gibt, welches im Attribut „F-R4" den Attributwert „1" besitzt (2-2-1).

Es werden nun alle zehn verschiedenen Beziehungstypen am Beispiel „Autos und Personen" erklärt. Die beiden Relationen haben dabei immer folgenden Aufbau:

Autos (<u>ANr</u>, Marke, Typ, Baujahr)
Personen (<u>PNr</u>, Name, Vorname)

3.1.2.1 Die 1-1 Beziehung

Bezogen auf das Beispiel „Autos und Personen" könnte eine 1-1 Beziehung bedeuten, dass jede Person genau ein Auto besitzt und jedes Auto genau einer Person gehört.

Bild 3.7:
Entitätenblock-
diagramm für
1-1 Beziehung

Um diese Beziehung zwischen den Relationen darzustellen, muss nun in eine der beiden Relationen ein Fremdschlüssel eingefügt werden:

Bild 3.8:
1-1 Beziehung
zwischen zwei
Relationen

Personen

PNr	Name	Vorname	ANr
1	Müller	Heinz	2
2	Meier	Hans	4
3	Schmid	Beat	1
4	Steffen	Felix	3
5	Einstein	Albert	5

Autos

ANr	Marke	Typ	Baujahr
1	Audi	Quattro	1989
2	Opel	Manta	1985
3	Fiat	Uno	1991
4	VW	Polo	1986
5	Toyota	Starlet	1987

In diesem Falle wurde in die Relation „Personen" der Fremdschlüssel „ANr" eingesetzt. Damit ist nun klar definiert, dass Herr Meier einen VW Polo fährt und dass der VW Polo Herrn Meier gehört. Die gleiche Aussage könnte man auch bekommen, wenn in der Relation „Autos" der Fremdschlüssel „PNr" verwendet würde (nachprüfen!). Man könnte auch in der Relation „Personen" den Fremdschlüssel

„ANr" und in der Relation „Autos" den Fremdschlüssel „PNr" gleichzeitig verwenden. In der Praxis wird man aber aus Gründen der Speicherplatzersparnis sowie der Datenkonsistenz nur einen Fremdschlüssel verwenden.

Kurzschreibweise: **Personen** (<u>PNr</u>, Name, Vorname, ANr)

Autos (<u>ANr</u>, Marke, Typ, Baujahr)

Es ist sogar möglich, die zwei Relationen zu einer Relation „Personenwagenbesitzer" zusammenzufassen, weil ja zu jedem Tupel in der Relation „Personen" genau ein Tupel in der Relation „Autos" gehört:

Bild 3.9:
Zusammen-
gefasste
Relation

Personenwagenbesitzer

PNr	Name	Vorname	Marke	Typ	Baujahr
1	Müller	Heinz	Opel	Manta	1985
2	Meier	Hans	VW	Polo	1986
3	Schmid	Beat	Audi	Quattro	1989
4	Steffen	Felix	Fiat	Uno	1991
5	Einstein	Albert	Toyota	Starlet	1987

Dies ist aber nur erlaubt, wenn die Relation „Autos" nicht noch mit anderen Relationen in Beziehung steht, weil es nun keinen Id-Schlüssel „ANr" mehr gibt. In der Praxis besitzt die 1-1 Beziehung eine untergeordnete Bedeutung, weil sie selten vorkommt oder aber zu einer Relation zusammengefasst wird (Ausnahme: vgl. Kapitel 3.1.2.11).

3.1.2.2   Die 1-c Beziehung

Bezogen auf das Beispiel „Autos und Personen" könnte eine 1-c Beziehung bedeuten, dass jede Person entweder kein oder genau ein Auto besitzt und jedes Auto genau einer Person gehört.

Bild 3.10:
Entitätenblock-
diagramm für
1-c Beziehung

Um diese Beziehung darzustellen, muss ein Fremdschlüssel in der Relation „Autos" verwendet werden:

Personen

PNr	Name	Vorname
1	Müller	Heinz
2	Meier	Hans
3	Schmid	Beat
4	Steffen	Felix
5	Einstein	Albert

Autos

ANr	Marke	Typ	Baujahr	PNr
1	Audi	Quattro	1989	3
2	Opel	Manta	1985	1
3	Fiat	Uno	1991	4

Man sieht nun, dass in der Relation „Autos" nur noch Tupel vorhanden sind, welche mit einem Tupel der Relation „Personen" assoziiert sind (die Datensätze der Tabelle „Autos" besitzen über den Fremdschlüssel „PNr" einen Bezug zur „Tabelle" Personen). In diesem Beispiel besitzen die Personen „Meier" und „Einstein" kein Auto, da in der Relation „Autos" keine Tupel mit den entsprechenden Attributwerten (2 oder 5) im Fremdschlüssel „PNr" vorhanden sind.

Kurzschreibweise: **Personen** (PNr, Name, Vorname)

Autos (ANr, Marke, Typ, PNr)

Es gäbe auch die Möglichkeit, den Fremdschlüssel „ANr" in der Relation „Personen" zu verwenden. Dann dürften aber keine Attributwerte im Fremdschlüssel bei den Personen „Meier" und „Einstein" stehen. Ein Attribut ohne Attributwert besitzt einen sogenannten **Nullwert**. Weil für das Abspeichern eines Nullwertes normalerweise gleichviel Speicherplatz benötigt wird, wie für einen normalen Attributwert, sind Nullwerte schon aus diesem Grunde zu vermeiden. Aufgrund der Definition des Fremdschlüssels muss ein Fremdschlüsselattributwert im Wertebereich des entsprechenden Id-Schlüssels liegen. Ein Nullwert kann aber keinem Wertebereich zugeordnet werden .

> **Nullwerte in Fremdschlüsseln sind aus der Sicht des Datenmodells unzulässig!**

3.1.2.3   Die 1-m Beziehung

Bezogen auf das Beispiel „Autos und Personen" könnte eine 1-m Beziehung bedeuten, dass jede Person mindestens ein Auto besitzt und jedes Auto genau einer Person gehört.

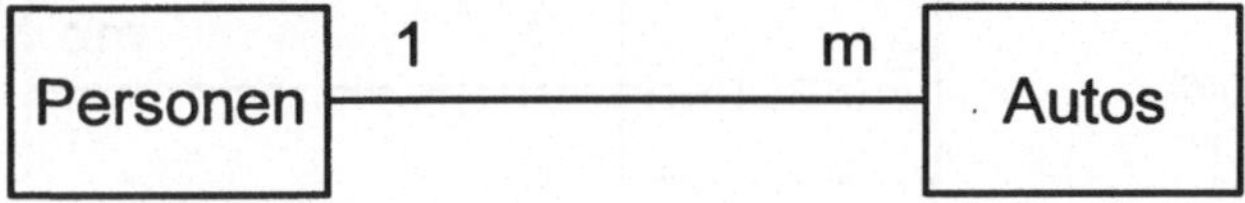

In diesem Falle kann ein Tupel der Relation „Personen" mit mehreren Tupel der Relation „Autos" assoziiert sein. Das bedeutet, dass die Relation „Autos" mindestens gleich viele Tupel besitzt, wie die Relation „Personen". Der Fremdschlüssel „PNr" in der Relation „Autos" kann nun den gleichen Attributwert mehrmals annehmen:

Bild 3.13:
1-m Beziehung
zwischen zwei
Relationen

Personen

PNr	Name	Vorname
1	Müller	Heinz
2	Meier	Hans
3	Schmid	Beat
4	Steffen	Felix
5	Einstein	Albert

Autos

ANr	Marke	Typ	Baujahr	PNr
1	Audi	Quattro	1989	3
2	Opel	Manta	1985	1
3	Fiat	Uno	1991	4
4	VW	Polo	1986	2
5	Toyota	Starlet	1987	5
6	VW	Golf	1990	1
7	Honda	Civic	1990	2

In diesem Beispiel besitzen die Personen „Müller" und „Meier" je zwei Autos und jedes Auto hat genau einen Eigentümer. Falls nun eine Person zweimal den gleichen Autotyp besitzen würde, müsste man das zweite Auto als neues Tupel mit einer neuen Identifikationsnummer in die Relation „Autos" einfügen. Es handelt sich dabei ja um zwei physikalisch verschiedene Fahrzeuge, welche zufälligerweise die gleichen Merkmale besitzen (dies ergibt sich aus der 1-Assoziation: ein Auto hat genau einen Besitzer).

Kurzschreibweise: **Personen** (PNr, Name, Vorname)

Autos (ANr, Marke, Typ, Baujahr, PNr)

3.1.2.4   **Die 1-mc Beziehung**

Bezogen auf das Beispiel „Autos und Personen" könnte eine 1-mc Beziehung bedeuten, dass jede Person beliebig viele Autos besitzen kann (0,1 oder mehr) und jedes Auto genau einer Person gehört.

Bild 3.14:
Entitätenblock-
diagramm für
1-mc Bezie-
hung

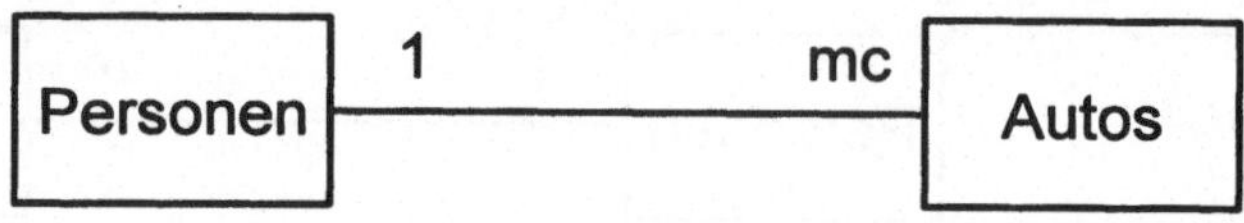

Die 1-mc Beziehung stellt eine Kombination der 1-m und 1-c Beziehung dar. In der Relation „Autos" wird ein Fremdschlüssel „PNr" verwendet, welcher die gleichen Attributwerte mehrmals verwenden kann. Es existieren aber nur solche Tupel, welche einen Bezug zur Relation „Personen" aufweisen. In der Relation „Personen" können nun aber auch Tupel existieren, deren Id-Schlüsselwert nicht im Fremdschlüssel „PNr" der Relation „Autos" vorkommt.

Bild 3.15:
1-mc Bezie-
hung zwischen
zwei Relationen

Personen

PNr	Name	Vorname
1	Müller	Heinz
2	Meier	Hans
3	Schmid	Beat
4	Steffen	Felix
5	Einstein	Albert

Autos

ANr	Marke	Typ	Baujahr	PNr
1	Audi	Quattro	1989	3
2	Opel	Manta	1985	1
3	Fiat	Uno	1991	4
4	VW	Polo	1986	2
5	Toyota	Starlet	1987	2
6	VW	Golf	1990	1
7	Honda	Civic	1990	2

In diesem Beispiel besitzt Herr Einstein kein Auto. Seine Personennummer kommt in der Relation „Autos" nicht vor.

Kurzschreibweise: **Personen** (PNr, Name, Vorname)
                    Autos (ANr, Marke, Typ, Baujahr, PNr)

3.1.2.5   **Die c-c Beziehung**

Bezogen auf das Beispiel „Autos und Personen" könnte eine c-c Beziehung bedeuten, dass jede Person entweder kein oder genau ein Auto besitzen kann und jedes Auto entweder keinen oder genau einen Besitzer hat.

Bild 3.16:
Entitätenblock-
diagramm der
c-c Beziehung

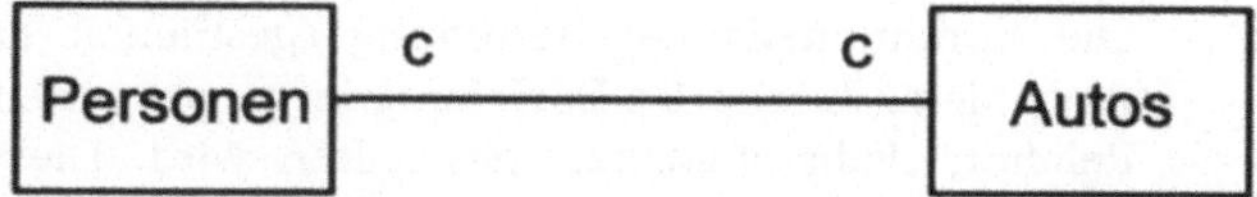

Dieses Problem könnte gelöst werden, indem man z.B. in der Relation „Personen" den Fremdschlüssel „ANr" und in der Relation „Autos" den Fremdschlüssel „PNr" verwendet.

Bild 3.17:
c-c Beziehung
zwischen zwei
Relationen

Personen

PNr	Name	Vorname	ANr
1	Müller	Heinz	2
2	Meier	Hans	
3	Schmid	Beat	1
4	Steffen	Felix	3
5	Einstein	Albert	

Autos

ANr	Marke	Typ	Baujahr	PNr
1	Audi	Quattro	1989	3
2	Opel	Manta	1985	1
3	Fiat	Uno	1991	4
4	VW	Polo	1986	
5	Toyota	Starlet	1987	

Man erkennt aber nun, dass hier zwangsläufig Nullwerte in den Fremdschlüsseln vorkommen. Gemäss Definition des Fremdschlüssels ist dies jedoch nicht erlaubt (siehe auch 1-c Beziehung).

> **Die c-c Beziehung erzwingt Nullwerte und ist deshalb aus der Sicht des Datenmodells in dieser Form verboten.**

Das obige Beispiel muss darum folgendermassen umgesetzt werden:

Bild 3.18:
Entitätenblock-
diagramm der
transfomierten
c-c Beziehung

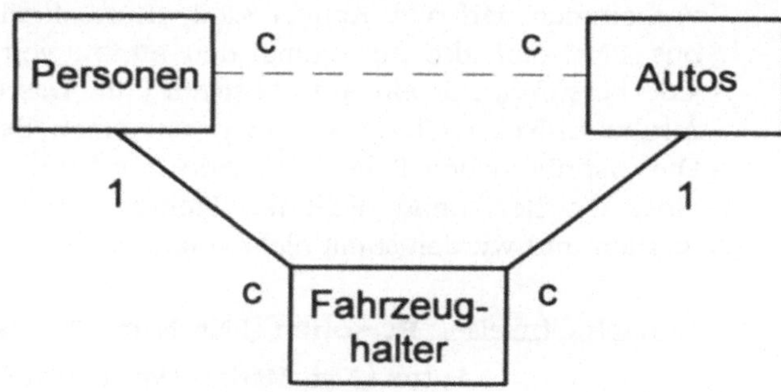

Die konditionelle c-c Beziehung (gestrichelt dargestellt) wird in zwei hierarchische 1-c Beziehungen umgewandelt, wobei eine neue Relation „Fahrzeughalter" geschaffen wird. Diesen Vorgang nennt man **Transformation**. Die drei Relationen haben nun folgenden Aufbau:

Bild 3.19:
Transformierte
c-c Beziehung
zwischen zwei
Relationen

Personen

PNr	Name	Vorname
1	Müller	Heinz
2	Meier	Hans
3	Schmid	Beat
4	Steffen	Felix
5	Einstein	Albert

Autos

ANr	Marke	Typ	Baujahr
1	Audi	Quattro	1989
2	Opel	Manta	1985
3	Fiat	Uno	1991
4	VW	Polo	1986

Fahrzeughalter

PNr	ANr
1	2
3	1
4	3

In der Relation „Fahrzeughalter" existieren nur diejenigen Tupel, welche eine 1-1 Beziehung zwischen den Relationen „Personen" und „Autos" herstellen. Der Id-Schlüssel der Relation „Fahrzeughalter" wird aus den Fremdschlüsseln „PNr" und „ANr" gebildet. Es ist aber zu beachten, dass jeder Attributwert des Attributes „PNr" bzw. „ANr" in der Relation „Fahrzeughalter" nur einmal vorkommen darf (vgl. Kapitel 3.1.2, „Kurzschreibweise"). Das Attribut „PNr" darf also nur einmal den Attributwert „1" annehmen, da jede Person ja nur ein Auto besitzen darf. Das Gleiche gilt für das Attribut „ANr", weil jedes Auto ja nur einen Besitzer haben kann. Die ursprünglichen Relationen „Personen" und „Autos" müssen bei einer c-c Beziehung nicht mit Fremdschlüsselattributen versehen werden und werden somit nicht verändert.

Kurzschreibweise: **Personen** (PNr, Name, Vorname)

Autos (ANr, Marke, Typ, Baujahr)

Fahrzeughalter (PNr, ANr)

Alle unterstrichenen Attribute einer Relation bilden zusammen den Id-Schlüssel, wobei bei der c-c Beziehung der Spezialfall auftritt, dass jedes der beiden Attribute „PNr" und „ANr" in der Relation „Fahrzeughalter" nur einmalige Attributwerte haben darf (doppelt unterstrichen) und somit alleine den Id-Schlüssel bilden könnte.

3.1.2.6   Die c-m Beziehung

Bezogen auf das Beispiel „Autos und Personen" könnte eine c-m Beziehung bedeuten, dass jede Person mindestens ein Auto besitzt und jedes Auto entweder keinen oder genau einen Besitzer hat.

Bild 3.20:
Entitätenblock-
diagramm der
c-m Beziehung

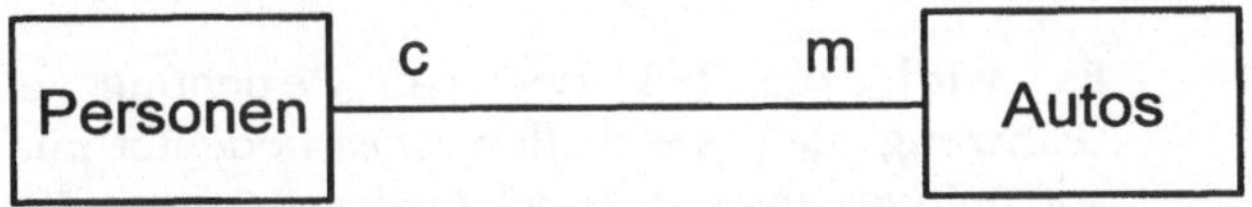

Dieses Problem hat einen ähnlichen Charakter, wie bei der 1-m Beziehung. Allerdings können in der Relation „Autos" nun auch Autotypen auftreten, welche keinen Besitzer haben und damit ebenfalls Nullwerte im Fremdschlüssel „PNr" aufweisen.

Bild 3.21:
c-m Beziehung
zwischen zwei
Relationen

Personen

PNr	Name	Vorname
1	Müller	Heinz
2	Meier	Hans
3	Schmid	Beat

Autos

ANr	Marke	Typ	Baujahr	PNr
1	Audi	Quattro	1989	3
2	Opel	Manta	1985	1
3	Fiat	Uno	1991	
4	VW	Polo	1986	2
5	Toyota	Starlet	1987	
6	VW	Golf	1990	1
7	Honda	Civic	1990	2

Ein weitere Variante wäre, wenn die Personen, welche mehrere Autos besitzen, in der Tabelle „Personen" mehrmals eingetragen würden. Da diese Personen aber ihren Id-Schlüsselwert behalten müssten, würde dies dazu führen, dass der Id-Schlüssel der Tabelle „Personen" nicht mehr eindeutig wäre (jeder Attributwert des Id-Schlüssels darf nur einmal in einer Relation vorkommen). Man sieht nun beim gewählten Beispiel, dass in der Relation „Autos" zwangsläufig Nullwerte im Fremdschlüssel „PNr" vorkommen. Dies ist, wie bei der c-c Beziehung beschrieben, ebenfalls verboten. Folglich muss auch eine c-m Beziehung transformiert werden:

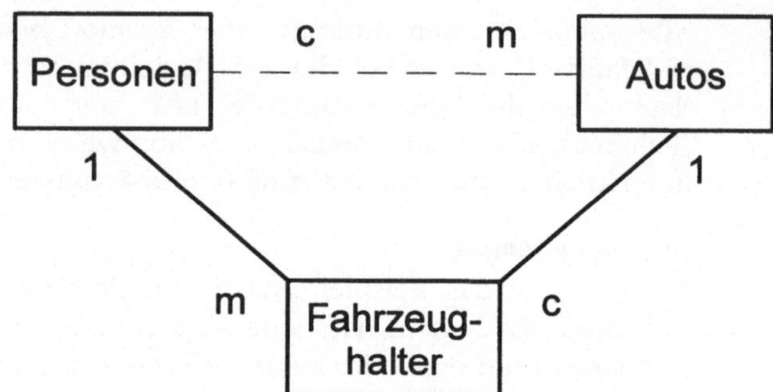

Bild 3.22:
Entitätenblock-
diagramm der
transformierten
c-m Beziehung

Es wird wie bei der c-c Beziehung eine neue Relation
„Fahrzeughalter" geschaffen. Dies bedeutet nun, dass zu jeder Person mindestens ein Tupel in der Relation „Fahrzeughalter" gehört
und somit jede Person mindestens ein Auto besitzt. Ein Auto hingegen kann, muss aber nicht, einen Fahrzeughalter haben. Die drei
Relationen haben nun folgenden Aufbau:

Bild 3.23:
Transformierte
c-m Beziehung
zwischen zwei
Relationen

Personen

PNr	Name	Vorname
1	Müller	Heinz
2	Meier	Hans
3	Schmid	Beat

Autos

ANr	Marke	Typ	Baujahr
1	Audi	Quattro	1989
2	Opel	Manta	1985
3	Fiat	Uno	1991
4	VW	Polo	1986
5	Toyota	Starlet	1987
6	VW	Golf	1990
7	Honda	Civic	1990

Fahrzeughalter

PNr	ANr
1	2
1	6
2	4
2	7
3	1

In diesem Beispiel besitzt Herr Müller einen Opel Manta sowie einen VW Golf. Das Attribut „PNr" der Relation „Fahrzeughalter" darf also mehrere gleiche Attributwerte aufweisen (m-Assoziation). Beim Attribut „ANr" in der Relation „Fahrzeughalter" darf aber der gleiche Attributwert nur einmal auftreten (c-Assoziation), wie dies bei der c-c Beziehung ja schon der Fall war. Der Id-Schlüssel der Relation „Fahrzeughalter" kann also aus dem Attribut „ANr" gebildet werden (jeder Attributwert kommt nur einmal in der Relation vor). Dieser Sachverhalt ist später bei der Indizierung (Kapitel 4.6.2) wichtig.

<u>Kurzschreibweise</u>: **Personen** (<u>PNr</u>, Name, Vorname)

Autos (<u>ANr</u>, Marke, Typ)

Fahrzeughalter (<u>ANr</u>, PNr)

3.1.2.7   Die c-mc Beziehung

Bezogen auf das Beispiel „Autos und Personen" könnte eine c-mc Beziehung bedeuten, dass jede Person beliebig viele Autos besitzen kann und jedes Auto entweder keinen oder genau einen Besitzer hat.

Bild 3.24:
Entitätenblock-
diagramm der
c-mc
Beziehung

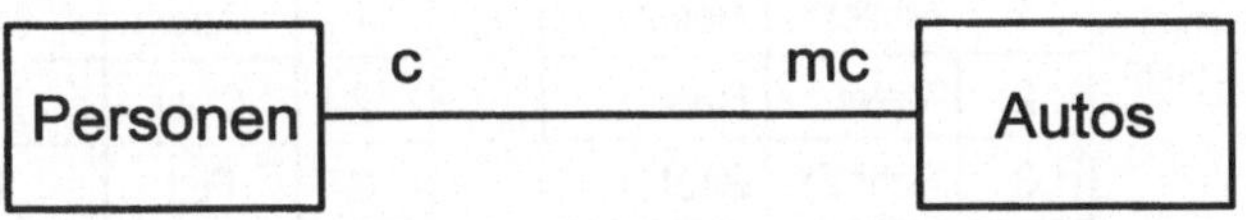

Wie bei der 1-mc Beziehung könnte man dieses Problem lösen, indem man in der Relation „Autos" den Fremdschlüssel „PNr" einführt.

Bild 3.25:
c-mc
Beziehung
zwischen zwei
Relationen

Personen

PNr	Name	Vorname
1	Müller	Heinz
2	Meier	Hans
3	Schmid	Beat
4	Steffen	Felix
5	Einstein	Albert

Autos

ANr	Marke	Typ	Baujahr	PNr
1	Audi	Quattro	1989	1
2	Opel	Manta	1985	2
3	Fiat	Uno	1991	2
4	VW	Polo	1986	
5	Toyota	Starlet	1987	3
6	VW	Golf	1990	1
7	Honda	Civic	1990	

Die Personen „Steffen" und „Einstein" besitzen keine Autos und die
Autos Nr. 4 und 7 haben keine Eigentümer. Man sieht nun, dass im
Fremdschlüssel „PNr" in der Relation „Autos" Nullwerte vorkommen
können. Dies ist, wie bei der c-c Beziehung beschrieben, verboten.
Die c-mc Beziehung muss also ebenfalls transformiert werden:

Bild 3.26:
Entitätenblock-
diagramm der
transformierten
c-mc Bezie-
hung

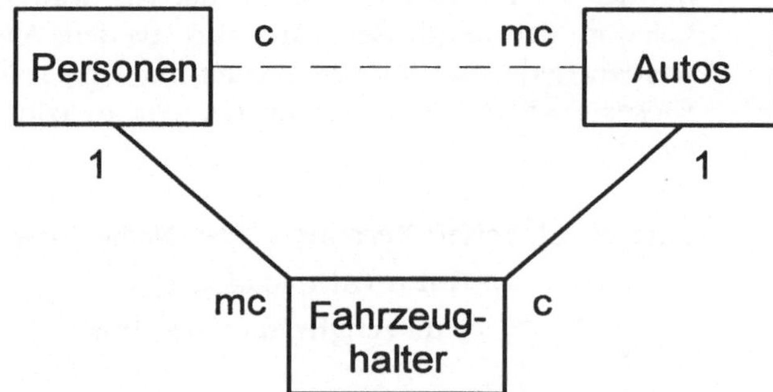

Die Relationen haben nun den folgenden Aufbau:

Bild 3.27:
Transformierte
c-mc Bezie-
hung zwischen
zwei Relationen

Personen

PNr	Name	Vorname
1	Müller	Heinz
2	Meier	Hans
3	Schmid	Beat
4	Steffen	Felix
5	Einstein	Albert

Autos

ANr	Marke	Typ	Baujahr
1	Audi	Quattro	1989
2	Opel	Manta	1985
3	Fiat	Uno	1991
4	VW	Polo	1986
5	Toyota	Starlet	1987
6	VW	Golf	1990
7	Honda	Civic	1990

Fahrzeughalter

PNr	ANr
1	1
1	6
2	2
2	3
3	5

Im Fremdschlüssel „ANr" der Relation „Fahrzeughalter" darf jeder Attributwert nur einmal vorkommen (c-Assoziation), während im Fremdschlüssel „PNr" der gleiche Attributwert mehrmals vorkommen darf (m-Assoziation). Dadurch kann, wie bei der c-m Beziehung, das Attribut „ANr" den Id-Schlüssel alleine bilden.

Kurzschreibweise: **Personen** (PNr, Name, Vorname)

Autos (ANr, Marke, Typ)

Fahrzeughalter (ANr, PNr)

3.1.2.8   Die m-m Beziehung

Bezogen auf das Beispiel „Autos und Personen" könnte eine m-m Beziehung bedeuten, dass jede Person mindestens ein Auto besitzt und jedes Auto mindestens einen Besitzer hat.

Bild 3.28:
Entitätenblockdiagramm der m-m Beziehung

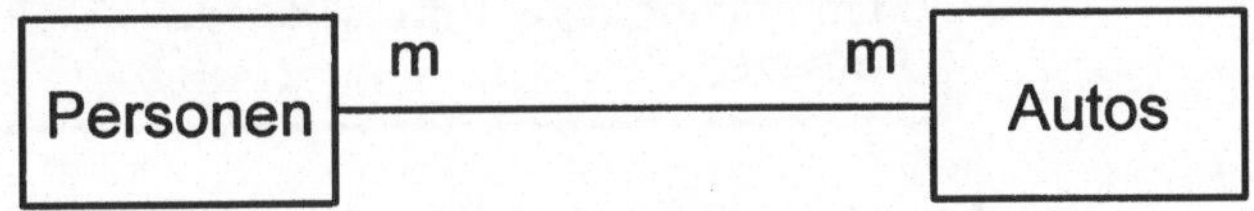

Diese Beziehung ist ähnlich, wie die 1-m Beziehung, mit dem Unterschied, dass es hier in beiden Relationen Mehrfacheinträge geben kann. Im folgenden Beispiel erhält die Relation „Autos" den Fremdschlüssel „PNr". Selbstverständlich könnte auch die Relation „Personen" den Fremdschlüssel „ANr" bekommen. Es ist aber nicht nötig, dass beide Relationen einen Fremdschlüssel erhalten.

Bild 3.29:
m-m Beziehung zwischen zwei Relationen

Personen

PNr	Name	Vorname
1	Müller	Heinz
2	Meier	Hans
3	Schmid	Beat

Autos

ANr	Marke	Typ	Baujahr	PNr
1	Audi	Quattro	1989	3
2	Opel	Manta	1985	1
3	Fiat	Uno	1991	1
4	VW	Polo	1986	3
1	Audi	Quattro	1989	1
1	Audi	Quattro	1989	2
2	Opel	Manta	1985	3

In diesem Beispiel besitzen Herr Müller und Herr Schmid ein gemeinsames Autos (Opel Manta). In der Relation „Autos" müssen also Autos, welche mehrere Besitzer haben, mehrmals eingetragen werden. Die m-m Beziehung erzwingt also Redundanzen durch Mehrfacheinträge. Damit ergibt sich das Problem, dass der Id-Schlüssel nicht eindeutig ist, weil der gleiche Attributwert in der Relation mehrmals vorkommt. In der Praxis ergibt sich daraus folgendes Problem: Falls der Attributwert „Baujahr" für den Audi Quattro geändert würde, so müssten alle anderen Tupel mit dem Id-Schlüsselwert „1" ebenfalls entsprechend geändert werden. Alle Tupel mit dem gleichen Id-Schlüsselwert müssen ja identisch sein. Würde dies nicht gemacht, so wären die Daten widersprüchlich d.h. inkonsistent.

> **Die m-m Beziehung erzwingt Redundanzen durch Mehrfacheinträge und gefährdet damit die Datenkonsistenz.**

Somit muss auch die m-m Beziehung transformiert werden:

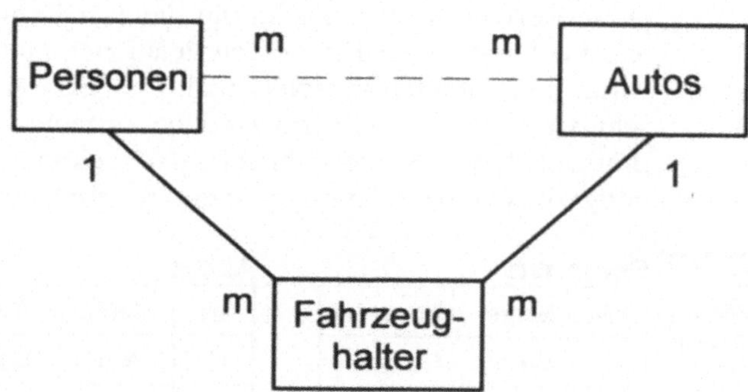

Bild 3.30: Entitätenblockdiagramm der transformierten m-m Beziehung

Die Relationen haben anschliessend folgenden Aufbau:

Bild 3.31:
Transformierte
m-m Beziehung
zwischen zwei
Relationen

Personen

PNr	Name	Vorname
1	Müller	Heinz
2	Meier	Hans
3	Schmid	Beat

Autos

ANr	Marke	Typ	Baujahr
1	Audi	Quattro	1989
2	Opel	Manta	1985
3	Fiat	Uno	1991
4	VW	Polo	1986

Fahrzeughalter

PNr	ANr
1	2
1	3
1	1
2	1
3	1
3	4
3	2

Bei der m-m Beziehung können nun in beiden Fremdschlüsseln der Relation „Fahrzeughalter" die gleichen Attributwerte mehrmals vorkommen. Lediglich die Kombination der beiden Fremdschlüsselattributwerte muss eindeutig sein. Die Kombination „PNr" = 3 und „ANr" = 3 darf also nur einmal in der Entitätsmenge vorkommen. Der Id-Schlüssel der Relation „Fahrzeughalter" wird somit aus der Kombination der Attribute „PNr" und „ANr" gebildet (zusammengesetzter Id-Schlüssel).

Kurzschreibweise: **Personen** (PNr, Name, Vorname)

Autos (ANr, Marke, Typ)

Fahrzeughalter (PNr, ANr)

3.1.2.9   Die m-mc Beziehung

Bezogen auf das Beispiel „Autos und Personen" könnte eine m-mc Beziehung bedeuten, dass jede Person beliebig viele Autos besitzen kann und jedes Auto mindestens einen Besitzer hat.

Bild 3.32:
Entitätenblock-
diagramm der
m-mc
Beziehung

Diese Beziehung ist ähnlich, wie die m-m Beziehung. In der Relation „Personen" können aber auch Tupel existieren, welche keinen
Bezug zu einem Tupel der Relation „Autos" besitzen (c-Assoziation).

Bild 3.33:
m-mc Bezie-
hung zwischen
zwei Relationen

Personen

PNr	Name	Vorname
1	Müller	Heinz
2	Meier	Hans
3	Schmid	Beat
4	Steffen	Felix

Autos

ANr	Marke	Typ	Baujahr	PNr
1	Audi	Quattro	1989	2
2	Opel	Manta	1985	1
3	Fiat	Uno	1991	1
1	Audi	Quattro	1989	3
2	Opel	Manta	1985	3

In diesem Beispiel besitzen Herr Meier und Herr Schmid ein
gemeinsames Auto (Audi Quattro), während Herr Steffen kein Auto
besitzt. Die m-mc Beziehung erzwingt wie die m-m Beziehung
Redundanzen durch Mehrfacheinträge. Damit ergibt sich wieder das
Problem, dass die Id-Schlüssel nicht eindeutig sind. Auch die m-mc
Beziehung muss somit transformiert werden:

Bild 3.34:
Entitätenblock-
diagramm der
transformierten
m-mc Bezie-
hung

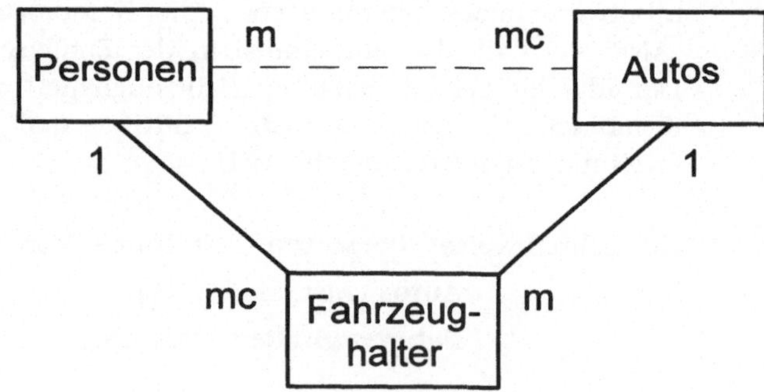

Die Relationen haben anschliessend folgenden Aufbau:

Bild 3.35: Transformierte m-mc Beziehung zwischen zwei Relationen

Personen

PNr	Name	Vorname
1	Müller	Heinz
2	Meier	Hans
3	Schmid	Beat
4	Steffen	Felix

Autos

ANr	Marke	Typ	Baujahr
1	Audi	Quattro	1989
2	Opel	Manta	1985
3	Fiat	Uno	1991

Fahrzeughalter

PNr	ANr
1	2
1	3
2	1
3	1
3	2

Bei der m-mc Beziehung können nun in beiden Fremdschlüsseln der Relation „Fahrzeughalter" die gleichen Attributwerte mehrmals vorkommen. Lediglich die Kombination der beiden Fremdschlüsselattributwerte muss eindeutig sein. Die Kombination „PNr" = 1 und „ANr" = 2 darf also nur einmal in der Entitätsmenge vorkommen. Der Id-Schlüssel wird aus der Kombination der Attribute „PNr" und „ANr" gebildet.

Kurzschreibweise: **Personen** (<u>PNr</u>, Name, Vorname)

Autos (<u>ANr</u>, Marke, Typ)

Fahrzeughalter (<u>PNr</u>, <u>ANr</u>)

3.1.2.10   Die mc-mc Beziehung

Bezogen auf das Beispiel „Autos und Personen" könnte eine mc-mc Beziehung bedeuten, dass jede Person beliebig viele Autos besitzen kann, und dass jedes Auto beliebig viele Besitzer hat.

Bild 3.36: Entitätenblockdiagramm der mc-mc Beziehung

Diese Beziehung ist ähnlich, wie die m-mc Beziehung. In der Relation „Autos" können nun aber auch Tupel stehen, welche keinen Bezug zu einem Tupel der Relation „Personen" besitzen (c-Assoziation).

<table>
<tr><td>Bild 3.37:
mc-mc Beziehung zwischen zwei Relationen</td></tr>
</table>

Personen

PNr	Name	Vorname
1	Müller	Heinz
2	Meier	Hans
3	Schmid	Beat
4	Steffen	Felix

Autos

ANr	Marke	Typ	Baujahr	PNr
1	Audi	Quattro	1989	2
2	Opel	Manta	1985	1
3	Fiat	Uno	1991	
1	Audi	Quattro	1989	1
2	Opel	Manta	1985	2
2	Opel	Manta	1985	4

In diesem Beispiel besitzt Herr Schmid kein Auto, da seine Personalnummer im Fremdschlüssel „PNr" der Relation „Autos" nicht vorkommt (c-Assoziation). Andererseits hat der Fiat Uno (ANr=3) keinen Besitzer (c-Assoziation). Wie schon bei der m-mc Beziehung zu beobachten war, erzwingt die mc-mc Beziehung ebenfalls Redundanzen durch Mehrfacheinträge. Damit ergibt sich wieder das Problem, dass die Id-Schlüssel nicht eindeutig sind. Zusätzlich können nun aber auch noch Nullwerte im Fremdschlüssel „PNr" auftreten. Die mc-mc Beziehung ist somit die ungünstigste Beziehung und muss ebenfalls transformiert werden:

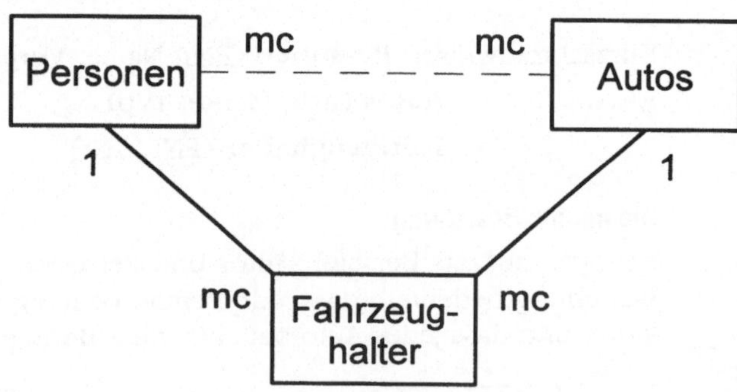

Die Relationen haben anschliessend folgenden Aufbau:

Bild 3.39:
Transformierte
mc-mc Bezie-
hung zwischen
zwei Relationen

Personen

PNr	Name	Vorname
1	Müller	Heinz
2	Meier	Hans
3	Schmid	Beat
4	Steffen	Felix

Autos

ANr	Marke	Typ	Baujahr
1	Audi	Quattro	1989
2	Opel	Manta	1985
3	Fiat	Uno	1991

Fahrzeughalter

PNr	ANr
1	2
1	1
2	1
2	2
4	2

Bei der mc-mc Beziehung können nun in beiden Fremdschlüsseln
der Relation „Fahrzeughalter" die gleichen Attributwerte mehrmals
vorkommen. Lediglich die Kombination der beiden Fremdschlüsselattributwerte muss eindeutig sein. Die Kombination „PNr" = 3
und „ANr" = 3 darf also nur einmal in der Entitätsmenge vorkommen. Der Id-Schlüssel wird aus der Kombination der Attribute „PNr"
und „ANr" gebildet.

Kurzschreibweise: **Personen** (PNr, Name, Vorname)
              Autos (ANr, Marke, Typ)
              Fahrzeughalter (PNr, ANr)

3.1.2.11   Rekursive Beziehungen

Die bisher diskutierten Beziehungen betrafen genau zwei Relationen. Es gibt jedoch Fälle, bei denen eine Beziehung innerhalb einer
Relation auftreten kann. Als Beispiel soll eine Entitätsmenge
„Musiker" dienen, welche ausserdem die Dirigenten umfasst. Es gilt
dabei die Rahmenbedingung, dass ein Musiker auch gleichzeitig
Dirigent sein kann und jeder Dirigent auch Musiker ist. Somit lassen
sich folgende Beziehungen formulieren:

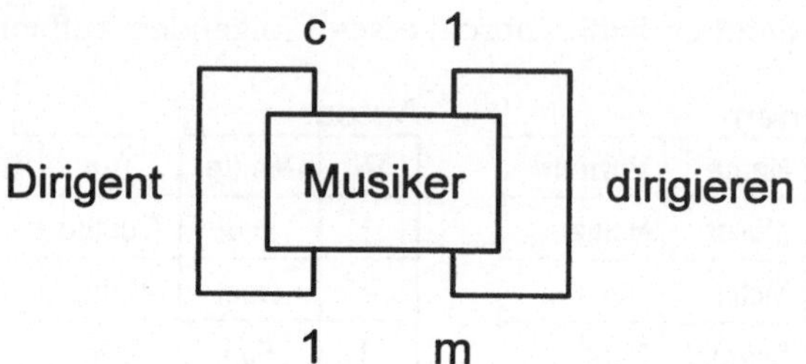

Die 1-c Beziehung bedeutet, dass ein Musiker Dirigent sein kann und jeder Dirigent gleichzeitig auch Musiker ist. Die 1-m Beziehung bedeutet, dass jeder Musiker von genau einem Dirigenten dirigiert wird und dass jeder Dirigent mindestens einen Musiker dirigiert. Die beiden Beziehungen werden angeschrieben, damit der Sinn eindeutig erkennbar ist. Die entsprechende Relation müsste dann folgenden Aufbau haben:

Musiker

MNr	DNr	Name
1	2	Schmid
2	3	Karajan
3	2	Bernstein
4	2	Müller
5	3	Meier

Diese Relation besitzt den Id-Schlüssel „MNr" (Musiker-Nr.) und den Fremdschlüssel „DNr" (Dirigenten-Nr.), welcher aus dem Id-Schlüssel „MNr" gebildet wurde. Auf den ersten Blick scheint dies zu funktionieren. Es lässt sich klar bestimmen, dass Karajan ein Dirigent ist, welcher die Musiker Schmid, Bernstein und Müller dirigiert, weil seine Musiker-Nr. im Attribut „DNr" vorkommt. Allerdings treten nun folgende Unstimmigkeiten auf:

- Der Fremdschlüssel „DNr" müsste „MNr" heissen, weil „DNr" ja aus dem Id-Schlüssel „MNr" gebildet wurde. Dann hätten aber zwei Attribute die gleiche Bezeichnung.

- Wenn man wissen möchte, ob Karajan ein Dirigent ist, muss man alle Attributwerte von „DNr" nach dem Id-Schlüsselwert von Karajan durchsuchen. Dies ist bei einer grossen Entitätsmenge unübersichtlich.

Das gewählte Beispiel soll verdeutlichen, dass eine rekursive Beziehung nicht verwendet werden darf. Die Relation „Musiker" wird deshalb in die Relationen „Musiker" und „Dirigenten" transformiert, wobei dann zwischen den beiden Relationen eine Mehrfachbeziehung entsteht:

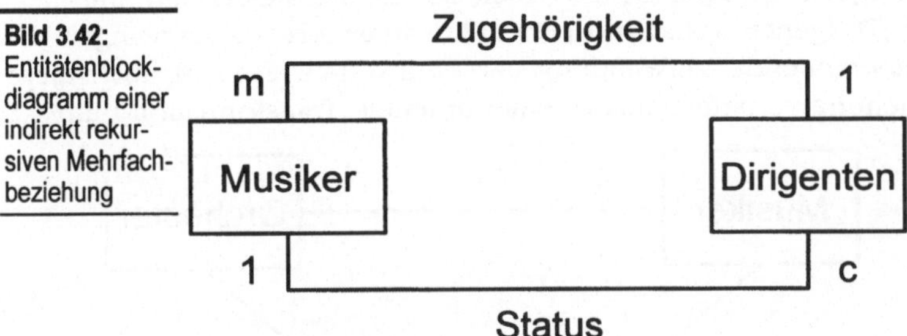

Bild 3.42: Entitätenblockdiagramm einer indirekt rekursiven Mehrfachbeziehung

Die zwei Beziehungen werden ebenfalls der Übersichtlichkeit wegen angeschrieben. Nun sind die Dirigenten klar von den Musikern abgetrennt. Die Beziehung „Zugehörigkeit" beschreibt, welche Musiker von welchen Dirigenten dirigiert werden, während die Beziehung „Status" angibt, welche Musiker Dirigenten sind. Die zwei Relationen haben nun folgenden Aufbau:

Bild 3.43: Indirekt rekursive Beziehungen zwischen zwei Relationen

Musiker

MNr	DNr	Name
1	1	Schmid
2	2	Karajan
3	1	Bernstein
4	1	Müller
5	2	Meier

Dirigenten

DNr	MNr
1	2
2	3

In der Relation „Musiker" sind nun diejenigen Daten aufgeführt, welche alle Musiker (und damit auch die Dirigenten) betreffen, während man in der Relation „Dirigenten" spezifische Attribute einführen könnte, welche bestimmte Eigenschaften der Dirigenten beschreiben würden (z.B. die Anzahl Dirigentenjahre).

Man sieht nun aber, dass der Id-Schlüssel „MNr" vom Fremdschlüssel „DNr" abhängt und andererseits der Id-Schlüssel „DNr" vom Fremdschlüssel „MNr" abhängig ist. Dieser Sachverhalt macht sich bemerkbar, sobald man versucht, einen Musiker einzugeben. Dies gelingt nämlich nur, wenn die Dirigentennummer bekannt ist, weil Nullwerte in Fremdschlüsseln ja nicht erlaubt sind (Kapitel 3.1.2, „Fremdschlüssel") . Die Dirigentennummer hingegen bekommt man erst, wenn die Musikernummer bekannt ist. Die Beziehungen „Zugehörigkeit" und „Status" zwischen den beiden Relationen „Musiker" und „Dirigenten" sind **indirekt rekursiver Art** und erzwingen die vorübergehende Verwendung von Nullwerten. Ergo ist auch diese Beziehung verboten, was zu einer erneuten Transformation führt:

Bild 3.44:
Entitätenblock-
diagramm der
transformierten,
rekursiven Be-
ziehungen aus
Bild 3.40

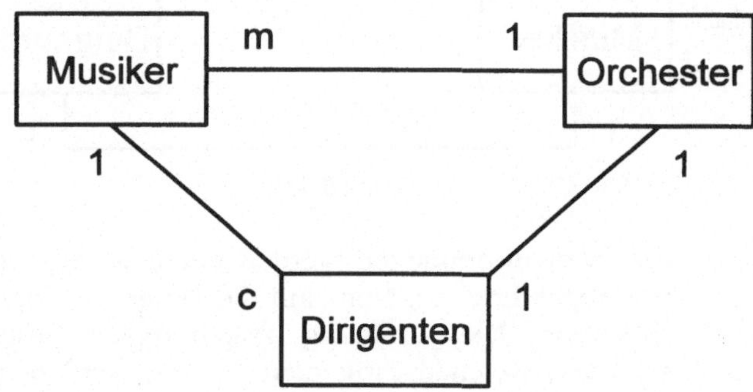

Es musste eine neue Relation „Orchester" eingeführt werden, welche mit der Relation „Dirigenten" in einer 1-1 Beziehung steht. Die drei Relationen haben nun folgenden Aufbau:

Bild 3.45:
Transformierte
rekursive Be-
ziehungen zwi-
schen zwei
Relationen

Musiker

MNr	ONr	Name
1	1	Schmid
2	2	Karajan
3	1	Bernstein
4	1	Müller
5	2	Meier

Orchester

ONr	Name
1	Wiener Philharmoniker
2	London Symphoniker

Dirigenten

MNr	ONr
2	1
3	2

Mit dieser Transformation wurden alle rekursiven Beziehungen beseitigt und der Id-Schlüssel „DNr" eliminiert. Bei der Dateneingabe müssen nun zuerst die Orchester definiert werden. Danach können die Musiker und zuletzt die Dirigenten eingegeben werden. Es ist eindeutig definiert, dass der Musiker „Schmid" bei den Wiener Philharmonikern spielt und damit von Karajan dirigiert wird. Dieses Beispiel zeigt, dass auch eine 1-1 Beziehung ihre Berechtigung hat, denn eine Zusammenlegung der beiden Relationen „Orchester" und „Dirigenten" ist nicht möglich.

3.1.2.12   Mehrfachbeziehungen

Eine Relation kann nicht nur mit einer sondern mit beliebig vielen anderen Relationen in Beziehung stehen. Wenn man den Spezialfall „Mehrfachbeziehungen zwischen zwei Relationen" ausklammert, so lässt sich folgendes Bild aufzeichnen:

Bild 3.46: Mehrfachbeziehungen zwischen den Relationen

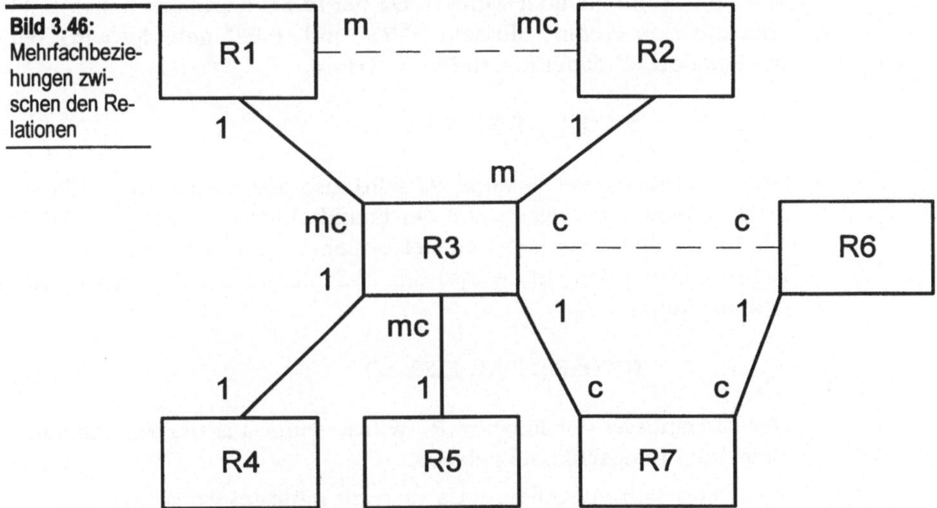

Die Relation R3 steht hier mit sechs anderen Relationen in Beziehung. Auch die übrigen Relationen können mit beliebig vielen anderen Relationen in Beziehung stehen. Dabei gelten die gleichen Gesetzmässigkeiten, welche bereits beschrieben wurden. Die Problematik besteht darin, dass eine Relation unter Umständen viele Fremdschlüssel beinhaltet, welche zusammen den Id-Schlüssel dieser Relation bilden. Dies ist dann der Fall, wenn eine Relation durch das Transformieren einer Beziehung entstanden ist. Nehmen wir an, dass die Relation R3 durch Transformation der m-mc Beziehung zwischen den Relationen R1 und R2 entstanden ist. Die Relation R3 besitzt dann folgenden Aufbau:

R3 (F-R1, F-R2, ...)

Aus den hierarchischen Beziehungen mit den Relationen R4 und R5 erhält die Relation R3 zwei weitere Fremdschlüssel:

R3 (F-R1, F-R2, F-R4, F-R5, ...)

Der Id-Schlüssel der Relation R3 wird davon aber nicht tangiert. Zwischen der Relation R3 und R6 besteht eine c-c Beziehung, welche transformiert wurde und zur Relation R7 führte. Damit muss der Id-Schlüssel der Relation R7 aus den Fremdschlüsseln der Relationen R3 und R6 gebildet werden. Da der Id-Schlüssel der Relation R3 aber aus den Fremdschlüsseln „F-R1" und „F-R2" gebildet wird, hat die Relation R7 damit folgenden Aufbau:

R7 (F-R6, F-R1, F-R2, ...)

Der Id-Schlüssel der Relation R7 wird also aus dem Fremdschlüssel „F-R6" sowie der Kombination der Fremdschlüssel „F-R1" und „F-R2" gebildet. Hätte zwischen den Relationen R3 und R6 eine m-m Beziehung bestanden, so besässe der Id-Schlüssel der Relation R7 folgenden Aufbau:

R7 (F-R6, F-R1, F-R2, ...)

Der Id-Schlüssel der Relation R7 würde somit aus der Kombination aller drei Fremdschlüssel gebildet.

Man kann sich vorstellen, dass es recht mühsam ist, wenn man ein Tupel aus der Relation R7 ansprechen möchte und dafür drei Attributwerte angeben muss. Es ist darum sinnvoll, wenn in die Relation R7 ein Attribut eingefügt wird, welches alleine den Id-Schlüssel verkörpert:

R7 (Id-R7, F-R6, F-R1, F-R2, ...)

Jedes neue Tupel wird nun identifiziert, indem man dem Attribut Id-R7 eine eindeutige Zahl zuweist. Beispielsweise erhält das erste Tupel die Zahl „1", das zweite Tupel die Zahl „2" usw.

Bild 3.47:
Verwendung eines künstlichen Id-Schlüssels

Id-R7	F-R6	F-R1	F-R2	Gegenstand
1	1	1	1	Vase
2	2	2	3	Tisch
3	5	2	2	Spiegel
4	3	1	2	Glas

Genau so könnte man auch bei der Relation R3 verfahren. Selbstverständlich muss auch hier darauf geachtet werden, dass die Fremdschlüsselkombinationen von „F-R1" und „F-R2" eindeutig sind und die Fremdschlüsselwerte von „F-R6" nur einmalig vorkommen. Dies kann z.B. durch die Indizierung (Kapitel 4.6.2) erreicht werden.

3.1.3   Generalisierung/Spezialisierung

Es gibt den Spezialfall, dass die Entitätsmengen von zwei- oder mehreren Relationen Teilmengen einer übergeordneten Entitätsmenge sind. Beispielsweise könnte eine übergeordnete Entitätsmenge „Firmenpersonal" in die Untermengen „Angestellte" und „Aushilfen" aufgeteilt werden. In der Relation „Angestellte" können dann zusätzliche Attribute verwendet werden, welche die speziellen Eigenschaften eines Angestellten beschreiben und in der Relation „Personen" nicht vorhanden sind, weil sie nicht generell für alle Personen gelten. Die Relation „Firmenpersonal" bezeichnet man als **generalisierte** Relation, während die Relationen „Aushilfen" und „Angestellte" als **spezialisierte** Relationen bezeichnet werden. Die generalisierte Entitätsmenge umfasst dabei die spezialisierten Entitätsmengen vollständig. Es existieren also keine Tupel in den spezialisierten Relationen, welche in der generalisierten Relation nicht vorkommen. Diese Unter- und Obermengenbeziehungen lassen sich in drei verschiede Fälle einteilen:

- Spezialisierte Entitätsmengen mit zugelassener Überlappung

- Generalisierte Entitätsmenge mit vollständiger Überdeckung

- Spezialisierte Entitätsmengen ohne Überlappung

3.1.3.1   Zugelassene Überlappung

Wenn man die Entitätsmengen dieser Beziehungsart grafisch darstellt ergibt sich folgendes Bild:

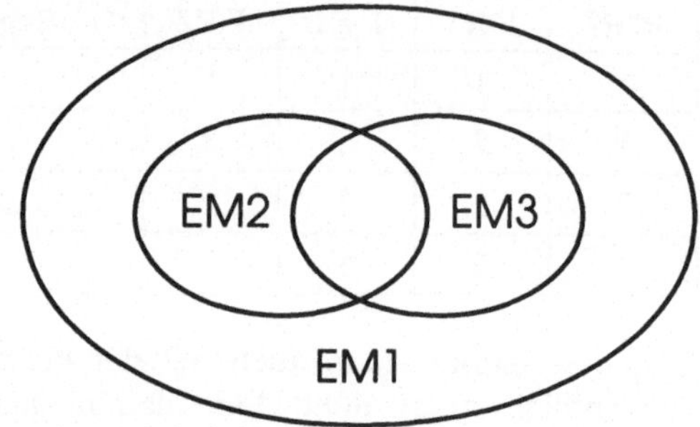

Die Entitätsmenge der Relation R1 (EM1) beinhaltet die Entitätsmengen der Relationen R2 (EM2) und R3 (EM3). In der Relation R1 können nun Tupel existieren, deren Id-Schlüsselwert als Fremdschlüssel:

- nicht in den Relationen R1 und R2 vorkommt

- in beiden Relationen R1 und R2 vorkommt

- nur in einer der beiden Relationen R1 und R2 vorkommt

Das Entitätenblockdiagramm sieht folgendermassen aus:

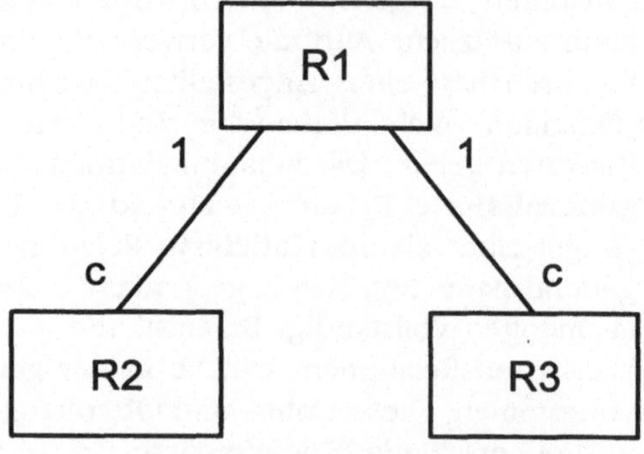

Beispiel: Die Relation R1 umfasst alle Flugzeuge einer Fluglinie. Die Relation R2 beinhaltet alle Segelflugzeuge und die Relation R3 beinhaltet alle Motorflugzeuge.

Flugapparate

FNr	Fluggerät	Alter	Plätze
1	Segelflieger	5	1
2	Sportflugzeug	3	4
3	Heissluftballon	4	5
4	Segelflieger	2	2
5	Sportflugzeug	7	2
6	Motorsegler	3	1

Segelflugzeuge

FNr	Spannweite
1	8
4	10
6	12

Motorflugzeuge

FNr	Antriebsart
2	Propeller
5	Düse
6	Propeller

In der Entitätsmenge „Flugapparate" kommen auch Flugapparate wie der Heissluftballon vor, welche nicht den Untermengen „Segelflugzeuge" und „Motorflugzeuge" angehören. Der Flugapparat Nr. 6 ist ein Segelflugzeug mit Hilfsmotor und gehört sowohl der Entitätsmenge „Segelflugzeuge" als auch der Entitätsmenge „Motorflugzeuge" an. Als Id-Schlüssel der Relationen „Segelflugzeuge" und „Motorflugzeuge" findet der Id-Schlüssel „FNr" der Relation „Flugapparate" verwendung.

3.1.3.2   Vollständige Überdeckung

Wenn man die Entitätsmengen dieser Beziehungsart grafisch darstellt ergibt sich folgendes Bild:

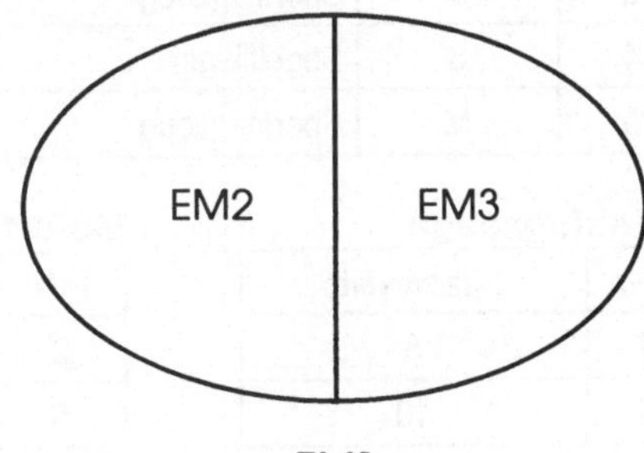

Die Entitätsmenge der Relation R1 (EM1) besteht hier vollständig aus den Entitätsmengen der Relationen R2 (EM2) und R3 (EM3). In der Relation R1 existieren keine Tupel, deren Id-Schlüsselwert nicht in den Relationen R2 bzw. R3 als Fremdschlüssel vorkommt.

Das Entitätenblockdiagramm sieht folgendermassen aus:

Bild 3.52:
Entitätenblock-
diagramm für
vollständige
Überdeckung

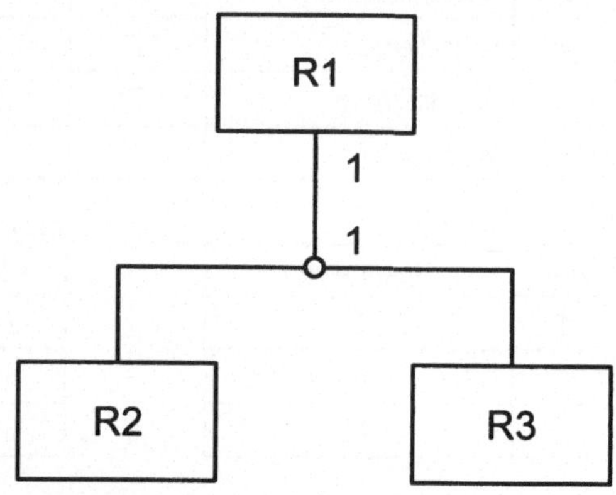

Beispiel: Die Relation R1 umfasst wiederum alle Flugzeuge einer Fluglinie. Die Relation R2 beinhaltet alle Segelflugzeuge und die Relation R3 beinhaltet alle Motorflugzeuge. Diesmal existieren in der Relation „Flugapparate" nur Tupel, deren Id-Schlüssel als Fremdschlüssel entweder in der Relation „Segelflugzeuge" oder in der Relation „Motorflugzeuge" vorkommt.

Bild 3.53:
Unter-/Ober-
mengenbezie-
hungen mit
vollständiger
Überdeckung

Flugapparate

FNr	Klasse	Fluggerät	Alter	Plätze
1	S	Segelflieger	5	1
2	M	Sportflugzeug	3	4
4	S	Segelflieger	2	2
5	M	Sportflugzeug	7	2

Segelflugzeuge

FNr	Spannweite
1	8
4	10

Motorflugzeuge

FNr	Antriebsart
2	Propeller
5	Düse

Das Attribut „Klasse" gibt an, in welcher spezialisierten Relation ein Tupel zu finden ist (S = Segelflugzeuge, M = Motorflugzeuge). Es wird als **diskriminierendes Attribut** bezeichnet. Im Gegensatz zur zugelassenen Überlappung kann hier für jedes Tupel klar angegeben werden, zu welcher spezialisierten Relation es gehört.

3.1.3.3   Überlappung nicht zugelassen

Wenn man die Entitätsmengen dieser Beziehungsart grafisch darstellt ergibt sich folgendes Bild:

Bild 3.54:
Sich nicht
überlappende,
spezialisierte
Entitätsmengen

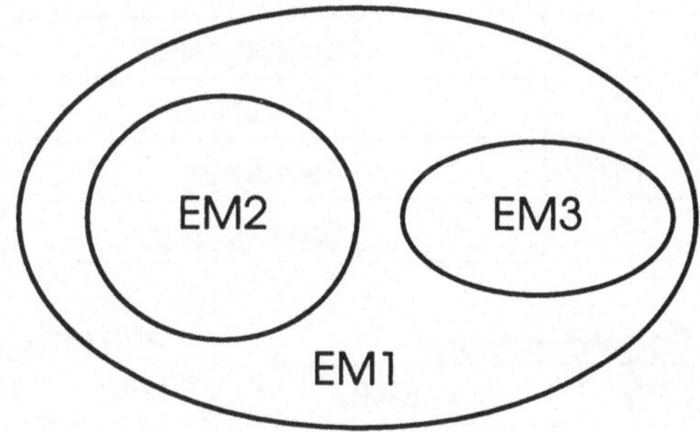

Dieser Fall präsentiert sich ähnlich, wie die zugelassene Überlappung. Der einzige Unterschied besteht darin, dass sich die spezialisierten Entitätsmengen nicht überlappen. Auch hier kann klar angegeben werden, zu welcher spezialisierten Relation ein Tupel gehört. Somit muss, wie beim Fall der vollständigen Überdeckung, ein diskriminierendes Attribut verwendet werden .

Das Entitätenblockdiagramm sieht folgendermassen aus:

Bild 3.55:
Entitätenblock-
diagramm für
sich nicht
überlappende,
spezialisierte
Entitätsmengen

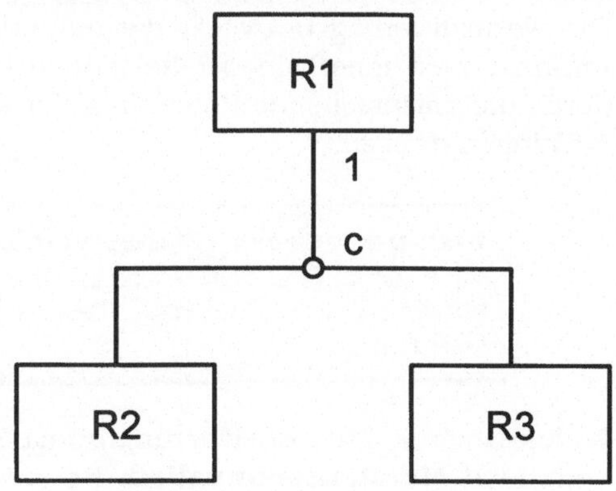

Beispiel: Die Relation R1 umfasst wiederum alle Flugzeuge einer Fluglinie. Die Relation R2 beinhaltet alle Segelflugzeuge und die Relation R3 beinhaltet alle Motorflugzeuge. Diesmal existieren in der Relation „Flugapparate" keine Tupel, deren Id-Schlüsselwert sowohl in der Relation „Segelflugzeuge" als auch in der Relation „Motorflugzeuge" vorkommt.

Bild 3.56:
Unter-/Ober-
mengenbezie-
hungen ohne
Überlappung

Flugapparate

FNr	Klasse	Fluggerät	Alter	Plätze
1	S	Segelflieger	5	1
2	M	Sportflugzeug	3	4
3	A	Heissluftballon	4	5
4	S	Segelflieger	2	2
5	M	Sportflugzeug	7	2

Segelflugzeuge

FNr	Spannweite
1	8
4	10

Motorflugzeuge

FNr	Antriebsart
2	Propeller
5	Düse

Der Attributwert „A" im diskriminierenden Attribut „Klasse" bedeutet „anderes Fluggerät". Das Fluggerät Nr. 3 kommt in den spezialisierten Relationen nicht vor.

3.2 Der Normalisierungsprozess

Die Normalisierung bezweckt die redundanzfreie Speicherung von Informationen innerhalb der Relationen der Datenbasis. Dies wird durch die entsprechende Zuweisung der Attribute zu den einzelnen Relationen erreicht.

> **Redundanzfreie Datenspeicherung** bedeutet, dass kein Teil eines Datenbestandes weggelassen werden kann, ohne dass dies zu Informationsverlusten führt.

Redundanzfreie Datenspeicherung bringt Speicherplatzersparnis und verhindert **Mutationsanomalien**. Bei der globalen Normalisierung wird Redundanzfreiheit nicht nur innerhalb der einzelnen Relationen, sondern auf die ganze Datenbasis bezogen erreicht. Als Beispiel für Redundanz und Mutationsanomalie soll folgende Relation dienen:

Bild 3.57:
Relation mit
Redundanzen

Autobesitzer

PNr	Name	Vorname	Automarke	Typ
1234	Müller	Heinz	Opel	Manta
2345	Meier	Hans	Toyota	Starlet
3456	Schmid	Beat	VW	Golf
1234	Müller	Heinz	Subaru	Justy

In dieser Tabelle sind Autobesitzer mit Personalnummer, Name, Vorname und deren Autodaten gespeichert. Herr Müller besitzt zwei Autos, nämlich einen Opel Manta und einen Subaru Justy. Damit dieser Sachverhalt dargestellt werden kann, muss Herr Müller in der Tabelle „Autobesitzer" zwei Datensätze (Tupel) besitzen, weil pro Datensatz und Attribut nur ein Attributwert zulässig ist. Damit sind diese Daten aber redundant, weil die Personalnummer, der Name und der Vorname mehrfach in der Tabelle vorkommen. Wenn nun die Personalnummer von Herrn Müller ändern würde, dann müsste dies in beiden Datensätzen nachgeführt werden. Falls diese Änderung nur bei einem Datensatz erfolgen würde, käme es zur **Mutationsanomalie**, weil es dann plötzlich zwei verschiedene Müller mit unterschiedlichen Personalnummern gäbe. Damit wäre die **Datenkonsistenz** (Wiederspruchsfreiheit der Daten) nicht mehr gewährleistet.

3.2.1　Abhängigkeiten

Um den Normalisierungsprozess zu verstehen, muss zuerst die Bedeutung des Begriffes „Abhängigkeit" erläutert werden. Man unterscheidet folgende Abhängigkeiten:

- Funktionale Abhängigkeit
- Volle Abhängigkeit
- Transitive Abhängigkeit

Diese Abhängigkeiten beziehen sich immer auf die Attribute innerhalb einer Relation.

> Ein Attribut bzw. eine Attributkombination B ist
> dann von einem Attribut oder einer Attributkombi-
> nation A **funktional abhängig**, wenn zu einem
> bestimmten Atrributwert von A **genau ein** Attri-
> butwert von B gehört. Aus dem Attributwert von A
> ergibt sich also eindeutig der Attributwert von B.

Beispiel: In der Relation „Personen" (PNr, Name, xyz) ist das Attribut „Name" funktional abhängig vom Attribut „PNr"
(Personalnummer), da jeder Name mit einer bestimmten Personalnummer verknüpft ist. Es können nicht zwei verschiedene Personen
mit gleichem Namen die selbe Personalnummer besitzen. Aus der
Personalnummer ergibt sich also eindeutig der zugehörende Name.

> Ein Attribut bzw. eine Attributkombination B ist
> dann von einer Attribut**kombination A voll ab-**
> **hängig**, wenn B nur von A, nicht jedoch schon
> von einem Teil der Attributkombination A funktio-
> nal abhängig ist.

Beispiel: In der Relation „Verkauf" (KNr, ANr, Kaufdatum) ist das
Kaufdatum voll abhängig vom Id-Schlüssel (Attributkombination)
„KNr, ANr" (Kundennummer, Autonummer), weil das Kaufdatum
weder vom Attribut „KNr" noch vom Attribut „ANr" funktional abhängig ist. Das Kaufdatum ist nur von der Attributkombination „KNr,
ANr" funktional abhängig. Ein Attribut „Name" in der selben Relation wäre vom Id-Schlüssel nicht voll abhängig, denn der Name gehört nur zur Kundennummer und ist somit nur von „KNr" funktional
abhängig.

> Ein Attribut oder eine Attributkombination C ist von
> einem Attribut oder einer Attributkombination A
> **transitiv abhängig**, wenn das Attribut B von A
> und das Attribut C von B funktional abhängig ist,
> aber A nicht von C funktional abhängig ist.

Beispiel: In der Relation „Personen" (PNr, AbtNr, Abteilung) ist das
Attribut „Abteilung" vom Attribut „PNr" (Personalnummer) transitiv
abhängig, weil „Abteilung" von „AbtNr" (Abteilungsnummer) und
„AbtNr" von „PNr" funktional abhängig ist. „PNr" ist von der Abtei-

lungsbezeichnung aber nicht abhängig. Aus „PNr" folgt die „AbtNr" und aus der „AbtNr" folgt die Abteilung. Somit ergibt sich aus „PNr" auch die Abteilung.

3.2.2   Die 1. Normalform

Der Normalisierungsprozess verläuft über die Bildung sogenannter Normalformen und soll an folgendem Beispiel erklärt werden:

Eine Autoverkaufsstelle möchte eine Datenbank einrichten, in der alle Autos mit Modellangabe und Seriennummer gespeichert sind. Ausserdem sollen alle Verkäufer und alle Kunden erfasst werden. Ein Kunde muss mindestens ein Auto gekauft haben, bevor er in der Datenbank erfasst wird. Die Datenbank soll Auskunft darüber geben, welcher Kunde welche Autos von welchem Verkäufer wann gekauft hat.

Alle diese Informationen könnte man in einer einzigen Tabelle folgendermassen darstellen:

Bild 3.58:
Einfache Liste mit Geschäftsdaten

Kundenname	Adresse	Automarke	Typ	Seriennummer	Verkäufer	Datum
Meier	Planetenweg 7	VW	Golf	123456	Schmid	23.4.92
		Opel	Kadett	345678	Plüss	7.8.92
Müller	Altstadt 12	VW	Golf	388721	Frey	17.6.92
Steffen	Gartenstr. 7	VW	Polo	222245	Schmid	15.7.92
Steffen	Augasse 12	Audi	Quattro	122154	Frey	13.11.92
		Opel	Manta	445321		
					Schenk	

Der Opel Manta wurde noch nicht verkauft, muss jedoch für das Inventar in der Datenbank existieren. Das Gleiche gilt für den Verkäufer Schenk, welcher noch kein Auto verkauft hat. Die Tabelle ist in dieser Form jedoch nicht zulässig, da pro Tupel und Attribut nur ein Attributwert erlaubt ist. Ausserdem ist nicht klar, ob es sich bei den Verkäufern „Schmid" bei den Kunden „Meier" und „Steffen" um ein und denselben oder um zwei verschiedene Verkäufer mit gleichem Namen handelt. Es sind somit noch weitere Attribute einzuführen. Die Tabelle muss also so umgeschrieben werden, dass jedes Attribut nur einfache Attributwerte besitzt und die Sachverhalte klar sind. Richtig umgeschrieben sieht die Tabelle folgendermassen aus:

Geschäftsdaten

KNr	Kunden - Name	Adresse	ANr	Auto- Marke	Typ	Serien- nummer	VNr	Ver- käufer	Datum
1	Meier	Planetenweg 7	1	VW	Golf	123456	1	Schmid	23.4.92
1	Meier	Planetenweg 7	2	Opel	Kadett	345678	2	Plüss	7.8.92
2	Müller	Altstadt 12	3	VW	Golf	388721	3	Frey	17.6.92
3	Steffen	Gartenstr. 7	4	VW	Polo	222245	1	Schmid	15.7.92
4	Steffen	Augasse 12	5	Audi	Quattro	122154	3	Frey	13.11.92
0	X	X	6	Opel	Manta	445321	0	X	0
0	X	X	0	X	X	0	4	Schenk	0

Bild 3.59:   Relation „Geschäftsdaten" in der 1. Normalform

Es wurden neu die Attribute „KNr", „ANr" und „VNr" eingefügt, welche die Kunden, Autos und Verkäufer klar identifizieren. Alle Attribute besitzen nur noch einfache Attributwerte, wobei Nullwerte nicht erlaubt sind und durch Platzhalter (0, X) ersetzt werden. Die Tabelle (Relation) befindet sich nun in der 1. Normalform.

> Eine **Relation** befindet sich dann in der **1. Normalform**, wenn alle Attribute nur einfache Attributwerte aufweisen.

Man erkennt aber, dass nun Redundanzen aufgetreten sind. Der Kundenname sollte nicht für jeden Zweitwagen nochmals aufgeführt werden müssen. Ausserdem ist ersichtlich, dass es innerhalb der Relation verschiedene Sachgebiete gibt, welche unabhängig voneinander existieren können. Beispielsweise gehört die Seriennummer zur Automarke und zum Autotyp, hat jedoch mit dem Kunden oder dem Verkäufer nichts zu tun. Man versucht also in einem zweiten Schritt die Relation nach Sachgebieten aufzuteilen. Diese Aufteilung ist zum Teil schon bei der Vergabe von Identifikationsattributen erfolgt.

3.2.3   Die 2. Normalform

> Eine **Relation** befindet sich dann in der **2. Normalform**, wenn sie schon in der 1. Normalform ist und jedes nicht zum Id-Schlüssel gehörende Attribut **voll** vom Id-Schlüssel abhängig ist. Es können sich also nur Relationen mit zusammengesetzten Id-Schlüsseln in der 2. Normalform befinden.

Die nach Sachgebieten aufgeteilte Relation „Stammdaten" sieht nun folgendermassen aus:

Bild 3.60:
Relation „Verkäufe" in der 2. Normalform

Kunden

KNr	Kundenname	Adresse
1	Meier	Planetenweg 7
2	Müller	Altstadt 12
3	Steffen	Gartenstr. 7
4	Steffen	Augasse 12

Autos

ANr	Automarke	Typ	Seriennummer
1	VW	Golf	123456
2	Opel	Kadett	345678
3	VW	Golf	388721
4	VW	Polo	222245
5	Audi	Quattro	122154
6	Opel	Manta	445321

Verkäufe

KNr	ANr	Datum	VNr	Verkäufer
1	1	23.4.92	1	Schmid
1	2	7.8.92	2	Plüss
2	3	17.6.92	3	Frey
3	4	15.7.92	1	Schmid
4	5	13.11.92	3	Frey

Verkäufer

Schenk?

Aus der ursprünglichen Relation „Geschäftsdaten" sind nun drei Relationen entstanden. Gemäss Definition der 2. Normalform sind nur Relationen massgebend, welche als Id-Schlüssel eine Attributkombination enthalten (vgl. volle Abhängigkeit). In unserem Beispiel ist dies die Relation „Verkäufe". Man sieht, dass die Attribute „Datum", „VNr" und „Verkäufer" voll vom Id-Schlüssel „KNr, ANr" abhängig sind. Somit befindet sich diese Relation **mindestens** in der 2. Normalform (weitere Erklärungen folgen im Kapitel 3.2.4). Allerdings kann der Verkäufer „Schenk" nirgends eingegliedert werden, weil kein Id-Schlüsselwert vorhanden ist. Daraus ist bereits ersichtlich, dass die Normalisierung noch nicht abgeschlossen sein kann.

3.2.4   Die 3. Normalform

> Eine **Relation** befindet sich dann in der **3. Normalform**, wenn sie schon in der 2. Normalform (bzw. mit einfachem Id-Schlüssel in der 1. Normalform) ist und kein Nichtschlüssel-Attribut vom Id-Schlüssel transitiv abhängig ist.

Diese Definition bedeutet nun, dass die Attribute innerhalb einer Relation nur vom Id-Schlüssel funktional abhängig sind und untereinander keine sonstigen funktionalen Abhängigkeiten existieren.

Wenn man unser Beispiel nun auf diese Definition hin untersucht, stellt man fest, dass sich alle Relationen mit Ausnahme der Relation „Verkäufe" bereits in der dritten Normalform befinden. In der Relation „Kunden" ist jedes Attribut nur von der Kundennummer abhängig. Aus dem Namen „Steffen" kann z.B. nicht die Adresse „Gartenstr. 7" abgeleitet werden, weil es ja verschiedene Steffen gibt. Hingegen kann aus der Verkäufernummer innerhalb der Relation „Verkäufe" der Verkäufername abgeleitet werden, da hier eine funktionale Abhängigkeit besteht. Die Verkäufernummer ihrerseits ist aber vom Id-Schlüssel „KNr, ANr" funktional abhängig. Somit besteht eine transitive Abhängigkeit zwischen dem Id-Schlüssel „KNr, ANr" und dem Attribut „Verkäufer". Die Relation „Verkäufe" muss also weiter aufgeteilt werden:

Bild 3.61:
Relationen in
der 3. Normal-
form

Verkäufe

KNr	ANr	Datum	VNr
1	1	23.4.92	1
1	2	7.8.92	2
2	3	17.6.92	3
3	4	15.7.92	1
4	5	13.11.92	3

Verkäufer

VNr	Verkäufer
1	Schmid
2	Plüss
3	Frey
4	Schenk

Mit dieser Aufteilung wurden nun alle Redundanzen innerhalb der
Relation Verkäufe eliminiert und der Verkäufer „Schenk" konnte
ebenfalls untergebracht werden. Alle Relationen der Datenbasis befinden sich nun in der 3. Normalform.

> Relationen, welche sich in der 3. Normalform be-
> finden, werden als **normalisiert** bezeichnet. Die
> darin enthaltenen Informationen sind redundanz-
> frei. Dies gilt jedoch nicht für die gesamte Daten-
> basis.

Das Entitätenblockdiagramm sieht nun folgendermassen aus:

Bild 3.62:
Entitätenblock-
diagramm für
die Geschäfts-
daten

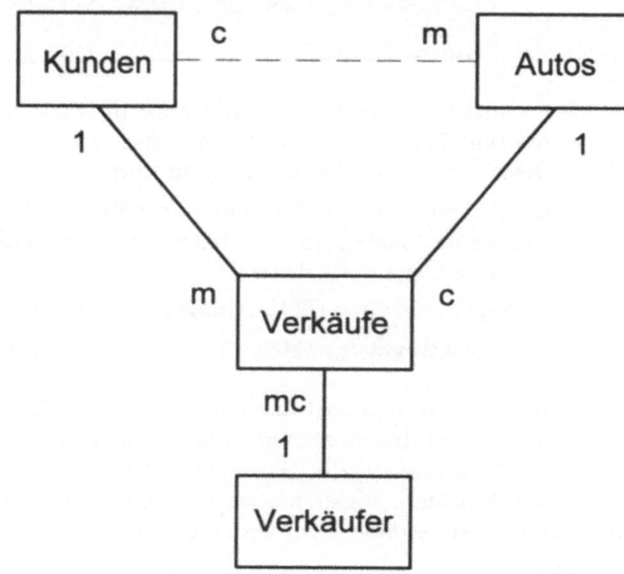

Der Normalisierungsprozess hat also dazu geführt, dass die ursprüngliche Tabelle mit den Geschäftsdaten in vier Relationen aufgeteilt worden ist, ohne dass die Beziehungen zwischen diesen Relationen vorher bekannt waren. Die redundanten Informationen der Relation „Geschäftsdaten" wurden derart auf die vier neuen Relationen verteilt, dass nun jede Relation für sich alleine redundanzfrei ist. Trotzdem können noch Redundanzen vorhanden sein. Diese werden im Kapitel 3.2.5 diskutiert.

3.2.5   Höhere Normalformen (Globale Normalisierung)

Um die höheren Normalformen erklären zu können, müssen zwei neue Begriffe eingeführt werden:

* Lokale Attribute

* Globale Attribute

> Als **lokale Attribute** werden alle Attribute bezeichnet, welche nur innerhalb einer einzigen Relation vorkommen und nicht deren Id-Schlüssel bilden, bzw. Bestandteile des Id-Schlüssels sind.
>
> Als **globale Attribute** werden alle Attribute bezeichnet, welche mindestens in einer Relation im Id-Schlüssel vorkommen bzw. den Id-Schlüssel bilden.

Im letzten Beispiel (Bild 3.61) wäre in der Relation „Verkäufe" das Attribut „Datum" ein lokales Attribut, während die Attribute „KNr", „ANr" und „VNr" globale Attribute sind.

Es können nun innerhalb einer Datenbasis Attribute existieren, welche weder lokalen noch globalen Charakter haben. Als Beispiel soll folgende Datenbasis dienen:

Segelflugzeuge (<u>SFNr</u>, Fluggerät, Alter, Plätze, Spannweite)

Motorflugzeuge (<u>MFNr</u>, Fluggerät, Alter, Plätze, Antriebsart)

Beide Relationen befinden sich in der 3. Normalform und die gespeicherten Informationen sind redundanzfrei, solange niemand auf die Idee kommt, die Daten eines Motorseglers aufnehmen zu wollen. Ein Motorsegler müsste nämlich in beiden Relationen erscheinen und bekäme zwei verschiedene Id-Nummern. Man sieht auch, dass in den Attributen „Fahrzeugtyp", „Alter" und „Plätze" Redundanzen auftreten, weil für einen Motorsegler die entsprechenden Attributwerte zweimal vorkommen müssten. Gemäss Definition der lokalen und globalen Attribute wären die Attribute „Fahrzeugtyp", „Alter" und „Plätze" weder lokal noch global.

Dieses Beispiel wurde bei den überlappenden Entitätsmengen im Kapitel 3.1.3.1 besprochen. Die Lösung dieses Problemes liegt in der Erschaffung einer übergeordneten Entitätsmenge:

Flugapparate (<u>FNr</u>, Fluggerät, Alter, Plätze)

Segelflugzeuge (<u>FNr</u>, Spannweite)

Motorflugzeuge (<u>FNr</u>, Antriebsart)

In dieser Datenbasis sind nur noch lokale und globale Attribute vorhanden und die Datenbasis befindet sich nun in der 4. Normalform.

> Eine **Datenbasis** befindet sich in der **4. Normalform**, wenn sich alle Relationen in der 3. Normalform befinden und keine Attribute existieren, welche weder lokal noch global sind.

Der Begriff „redudanzfrei" muss etwas relativiert werden, weil ja globale Attribute von Natur aus Redundanzen aufweisen. Denn jeder Fremdschlüssel nimmt Werte an, welche bereits in einer Relation als Id-Schlüsselwerte existieren. Anders lassen sich Beziehungen aber nicht darstellen. Die Bezeichnung „Redundanz" bezieht sich somit auf die lokalen Attribute einer Datenbasis.

Neben der 4. Normalform wurde auch noch eine 5. Normalform nachgewiesen, welche jedoch für die Praxis keine Bedeutung hat und deshalb hier nicht behandelt wird.

3.2.6   Optimale Normalformen

Der Normalisierungsprozess, wie er bisher beschrieben wurde, scheint alle Datenstrukturierungsprobleme zu lösen. Leider ist dem nicht so. Eine Datenbasis in der 4. Normalform kann sich bei der praktischen Implementierung durchaus als uneffizient und benutzerunfreundlich erweisen (vgl. Kapitel 4). Dies liegt hauptsächlich daran, dass mit steigendem Normalisierungsgrad immer mehr Rela-

tionen entstehen. Dadurch werden Abfragen zunehmend komplizierter und damit langsamer. Ausserdem bestehen wichtige Relationen (z.B. die Relation „Verkäufe") praktisch nur noch aus Fremdschlüsselattributen, so dass sich der Benutzer eine Unzahl von Ko-
denummern merken oder diese nachschlagen muss. Geht man ferner davon aus, dass jede Relation in der Datenbankapplikation mit
einer Bildschirmmaske verknüpft ist, dann ist leicht einzusehen,
dass die Übersichtlichkeit mit jeder neuen Relation abnimmt. Man
wird in der Praxis also bestrebt sein, dass die Datenbasis aus möglichst wenig Relationen besteht und nimmt dabei bewusst in Kauf,
dass Redundanzen vorkommen können. Diese Redundanzen müssen dann durch die Applikationssoftware derart verwaltet werden,
dass die Datenkonsistenz erhalten bleibt.

Es ist jedoch durchaus sinnvoll, die Daten zunächst so zu strukturieren, dass die 4. Normalform erfüllt ist und erst dann einzelne Relationen in eine niedrigere Normalform umzuwandeln. Dadurch ist
nämlich gewährleistet, dass die restlichen Relationen widerspruchsfrei sind. Ein anschauliches Beispiel wird im Kapitel 4.4 behandelt.

3.3 Strukturregeln

Aus dem Prozess der Normalisierung sowie der Beziehungslehre
können sechs Strukturregeln abgeleitet werden, welche man zur
Überprüfung einer Datenbasis heranziehen kann. Falls die Relationen einer Datenbasis allen sechs Strukturregeln entsprechen, so ist
die Datenbasis **global normalisiert**. Für die Definition der Strukturregel 6 müssen noch zwei Begriffe erklärt werden:

- Statischer Wertebereich

- Dynamischer Wertebereich

Ein **statischer Wertebereich** umfasst eine Menge von Werten und
wird bei der Definition der Datenbasis festgelegt. Er ändert sich
Verlaufe der Zeit nicht. Beispielsweise könnte das Attribut „Farbe"
folgende Werte annehmen: „blau", „grün", „hellgelb", „rosa" etc.
Man kann nun aber den Wertebereich einschränken (definieren), so
dass nur noch folgende Farben erlaubt sind: „rot", „grün", „blau".
Das Attribut „Farbe" besitzt nun einen statischen Wertebereich, welcher die Werte „rot", „grün" und „blau" umfasst. Etwas anders ver-
hält es sich beim Attribut „Name". Dort ist es nicht sinnvoll, eine
Menge von möglichen Namen zu definieren. Da man aber die
Länge eines Namens auf beispielsweise 20 Zeichen begrenzen wird,

ergibt sich automatisch ein statischer Wertebereich, welcher $26^{20} \approx 2*10^{28}$ mögliche Namen umfasst, sofern nur die Kleinbuchstaben a-z zulässig sind (über Sinn und Zweck eines Namens wie „xyzfgc" oder „nnnn" brauchen wir hier nicht zu diskutieren).

Ein **dynamischer Wertebereich** ist eine Menge von Id-Schlüsselwerten oder Schlüsselwertkombinationen, welche für einen Fremdschlüssel zur Verfügung stehen. Wenn also in einer Relation „Personen" 20 Tupel existieren und das Attribut „PNr" den Id-Schlüssel dieser Relation bildet, dann besitzt dieses Attribut als Fremdschlüssel in einer anderen Relation einen dynamischen Wertebereich von 20 möglichen Werten. Wenn in der Relation „Personen" neue Tupel hinzukommen oder gelöscht werden, so ändert sich auch der Wertebereich des Fremdschlüssels. Das Attribut „PNr" besitzt in der Relation „Personen" hingegen einen statischen Wertebereich, welcher z.B. durch die möglichen Personalnummern von 1000 bis 9999 definiert ist.

Strukturregeln:

SR 1:   Jede Relation muss einen Identifikationsschlüssel besitzen.

SR 2:   Eine Datenbasis muss aus Relationen in der 3. Normalform bestehen, welche nur lokale und globale Attribute enthalten.

SR 3:   Lokale Attribute müssen statische Wertebereiche verwenden.

Globale Attribute dürfen nur in einer einzigen Relation einen statischen Wertebereich besitzen und müssen dort Id-Schlüssel sein. In allen anderen Relationen, in denen sie auch noch vorkommen, müssen sie einen dynamischen Wertebereich besitzen, d.h. Fremdschlüsselattribute sein.

SR 4:   Rekursive Beziehungen sind verboten. Es dürfen in einer Relation A nur solche Fremdschlüssel verwendet werden, deren Ursprungsrelation B unabhängig von der Relation A definiert werden kann.

SR 5:   Unter- und Obermengenbeziehungen zwischen Relationen sind im Entitätenblockdiagramm genau festzuhalten. Wenn keine Spezialisierung mit zugelassener Überlappung vorliegt, muss in der generalisierten Relation ein zusätzliches Attribut eingefügt werden, welches die betroffene spezialisierte Relation angibt.

SR 6:   Wenn in einer Relation globale Attribute als Fremdschlüssel eingeführt werden, so sind diejenigen Relationen beizuziehen, welche eine grösstmögliche Einschränkung (möglichst wenige Tupel in der Entitätsmenge) des zulässigen dynamischen Wertebereiches mitbringen.

3.4   Der logische Entwurfsprozess

In diesem Kapitel wird das ganze Datenbank-Entwurfsverfahren an einem Beispiel beschrieben. Diese Vorgehensweise sollte für jeden Datenbankaufbau angewendet werden. Es ist aber zu beachten, dass der Entwurfsprozess kein geradliniges „Kochrezept" darstellt, bei dem aus der vage formulierten Aufgabenstellung automatisch die perfekte Datenbankapplikation resultiert. Vielmehr handelt es sich um einen iterativen Prozess, bei dem ein schrittweises Entwurfsverfahren immer wieder angewendet wird, bis zuletzt ein Datensystem resultiert, welches alle gestellten Anforderungen erfüllt. Dieser iterative Prozess kann folgenderweise dargestellt werden:

Bild 3.63:
Ablaufdiagramm für den logischen Entwurfsprozess

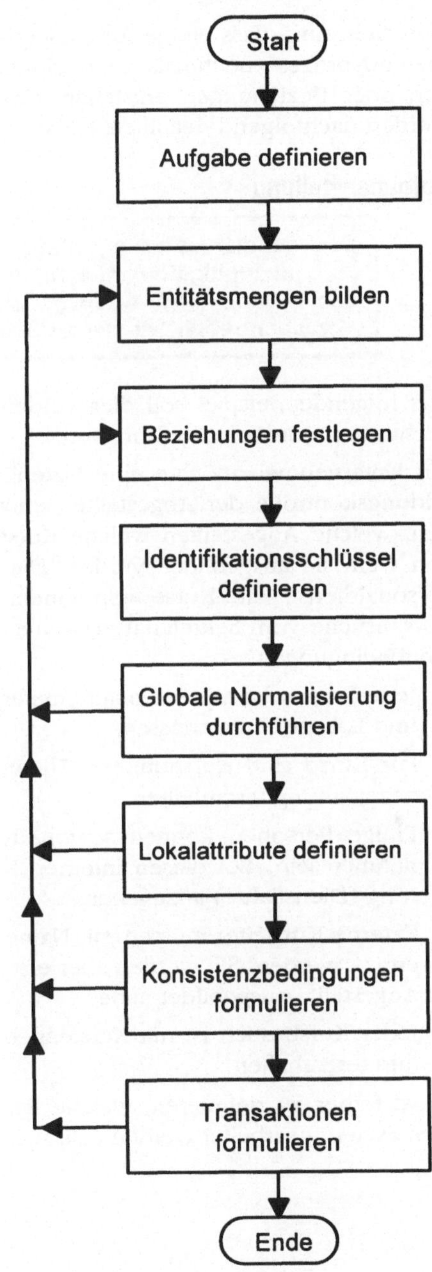

Man sieht nun, dass einige Arbeitsschritte dazu führen können, den Entwurfsprozess nochmals zu beginnen, wobei neue Entitätsmengen oder Beziehungen entstehen können. Die einzelnen Schritte werden nachfolgend detailliert erklärt.

3.4.1   Aufgabenstellung

> Die vielfach diffusen Anforderungen an eine Datenbankapplikation müssen in Worte gefasst werden. Dabei sind wichtige Zusammenhänge und Vorgaben möglichst klar zu definieren.

Das folgende Beispiel soll dies verdeutlichen, wobei hier nur die wichtigsten Punkte aufgeführt sind:

Ein Unternehmen möchte eine Datenbankapplikation für die Ausbildungskontrolle der Angestellten entwickeln. Es soll erfasst werden, welche Angestellten welche Kurse wann besucht haben und von wem sie ausgebildet wurden. Die Personaldaten werden vom Personaldienst, die Kurse von einem Kursadministrator und die Kursbesuche vom Sekretariat verwaltet. Dabei gelten folgende Rahmenbedingungen:

- Jede Person ist mit Personalnummer, Name, Vorname, Funktion und Lohnstufe zu erfassen.

- Für Kurse sind Kursnummer, Themengebiet, Kursort und Kursbezeichnung festzuhalten.

- Einige Personen können sowohl Kursleiter, als auch Kursteilnehmer sein. Bei diesen internen Kursleitern ist die Kurserfahrung (Dienstjahre) anzugeben.

- Externe Kursleiter müssen mit Name, Vorname und Firmenname erfasst werden. Sie werden aber erst gespeichert, wenn sie schon Angestellte ausgebildet haben.

- Jeder Kursbesuch ist mit Kursteilnehmer, Kursleiter und Kursdatum festzuhalten.

Es ist ferner zu definieren, welche Reports man benötigt, wie mit dem System gearbeitet werden soll, wer das System benutzt usw.

3.4.2   Bildung von Entitätsmengen

> Aus der Aufgabenstellung sind Entitätsmengen zu bilden und so eine Gruppierung gewisser Eigenschaften herbeizuführen. Bei überlappenden Entitätsmengen sind die entsprechenden umfassenden Entitätsmengen zu bilden.

Aus unserem Beispiel kann man problemlos folgende Entitätsmengen bilden:

Personen, Kurse

Diese beiden Entitätsmengen sind von zentraler Bedeutung. Alle Anforderungen an die Datenbankapplikation stützen sich auf diese Entitätsmengen. Man nennt sie deshalb auch **Kernentitäten**. Eine weitere Entitätsmenge könnten die Kursleiter bilden, wobei man aber zwischen internen und externen Kursleitern zu unterscheiden hat. Weil die internen Kursleiter aber ein Bestandteil der Entitätsmenge „Personen" sind, bilden wir vorläufig nur die folgende Entitätsmenge:

Externe Kursleiter

3.4.3   Festlegen der Beziehungen

> Alle möglichen, gegenseitigen Beziehungen zwischen den Entitätsmengen sind festzuhalten, wobei auch „nicht-hierarchische" Beziehungen zulässig sind. Unklare Beziehungen sind anzuschreiben.

Mit unseren drei Entitätsmengen lässt sich folgendes Entitätenblockdiagramm zeichnen:

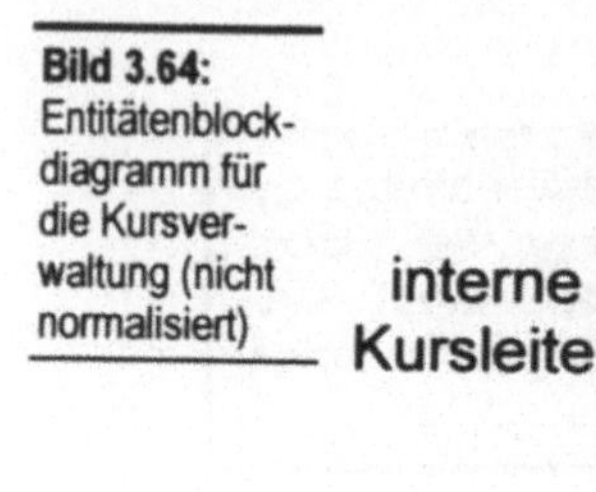

Bild 3.64:
Entitätenblockdiagramm für die Kursverwaltung (nicht normalisiert)

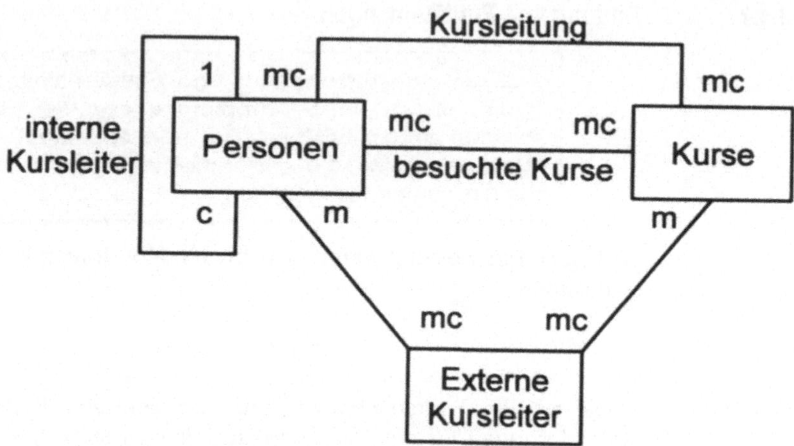

Man erkennt eine rekursive Beziehung für die internen Kursleiter. Eine Person kann Kursleiter sein oder nicht; ein interner Kursleiter entspricht genau einer Person. Ein interner Kursleiter kann beliebig viele verschiedene Kurse geben; ein Kurs kann von beliebig vielen internen Kursleitern durchgeführt werden.

Externe Kursleiter müssen mindestens einen Kurs durchgeführt haben; Kurse können von beliebig vielen externen Kursleitern durchgeführt werden. Eine Person kann von beliebig vielen externen Kursleitern ausgebildet werden; ein externer Kursleiter muss mindestens eine Person ausgebildet haben.

3.4.4   Definition von Identifikationsschlüsseln

> Für jede Entitätsmenge ist ein natürlicher oder künstlicher Id-Schlüssel festzulegen. Bei künstlichen Id-Schlüsseln wird ein neues Attribut eingeführt. Bei natürlichen Id-Schlüssel wird ein bestehendes Attribut verwendet.

In unserem Beispiel bekommt die Entitätsmenge „Personen" die Personalnummer als Id-Schlüssel, während die Entitätsmenge „Kurse" eine Kursnummer als Id-Schlüssel erhält. Bei der Entitätsmenge „Externe Kursleiter" muss eine Identnummer vergeben werden:

Personen (<u>PNr</u>)

Kurse (<u>KNr</u>)

Externe Kursleiter (<u>ENr</u>)

3.4.5   Globale Normalisierung

> Alle konditionellen und netzwerkförmigen Beziehungen werden durch die Einführung von Hilfsentitätsmengen in hierarchische Beziehungen transformiert.

Zunächst einmal sollte man sich auf die rekursiven Beziehungen beschränken. Nach der erfolgten Transformation der Beziehungen „Interne Kursleiter" und „Kursleitung" ergibt sich folgendes Bild:

Bild 3.65:
Entitätenblock-
diagramm mit
spezialisierten
Entitätsmengen

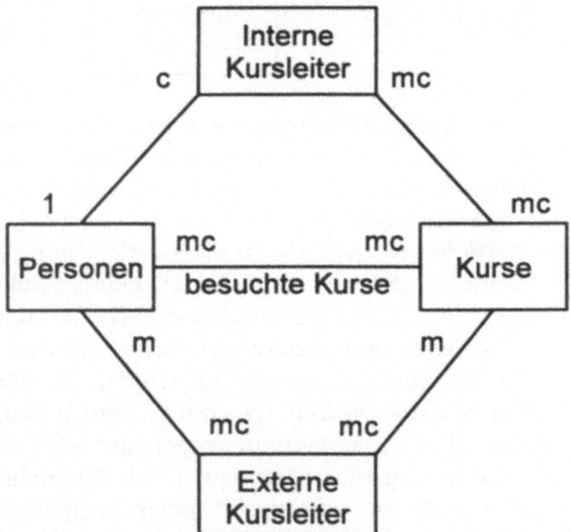

Es ist nun offensichtlich, dass es sich bei den Entitätsmengen „Interne Kursleiter" und „Externe Kursleiter" um spezialisierte, sich nicht überlappende Entitätsmengen handelt (ein Kursleiter kann intern oder extern, aber nicht beides zugleich sein). An dieser Stelle geht man somit zurück zum Schritt „Bildung von Entitätsmengen" und bildet die umfassende Entitätsmenge „Kursleiter". Dann folgt der Schritt „Festlegen von Beziehungen" usw. Das überarbeitete Entitätenblockdiagramm sieht nun folgenderweise aus:

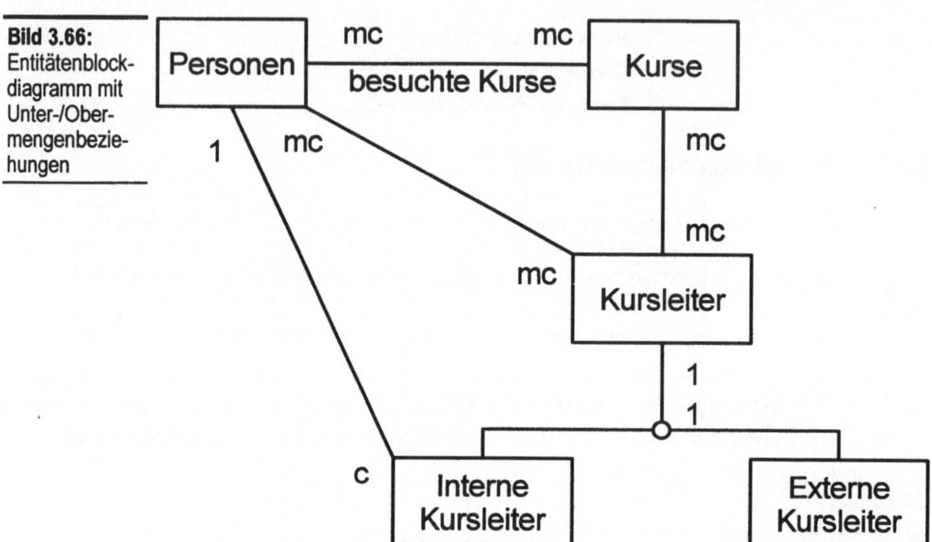

Die mc-mc Beziehung zwischen „Personen" und „Kursleiter" soll
zum Ausdruck bringen, dass jede Person von beliebig vielen Kursleitern ausgebildet werden kann; und dass jeder Kursleiter beliebig
viele Personen ausbilden kann. Die Frage, ob eine Person auch
Kursleiter ist, wird durch die 1-c Beziehung zum Ausdruck gebracht.
Beim Vergleich von diesem Diagramm (Bild 3.66) mit der Vorgän-
gerversion (Bild 3.65) fällt auf, dass die m-mc Beziehung zwischen
„Personen" und „Externe Kursleiter" nun via „Kursleiter" in eine mc-
mc Beziehung umgewandelt worden ist. Wir wollten ja mit der früheren m-mc Beziehung zum Ausdruck bringen, dass ein externer
Kursleiter nur im System gespeichert wird, wenn er mindestens eine
Person ausgebildet hat. Durch die Generalisierung ging dieses Fak-
tum verloren und muss später programmtechnisch sichergestellt
werden (vgl. Kapitel 4.7.2). Die einzelnen Entitätsmengen besitzen
nun folgende Id-Schlüssel:

Personen (PNr)

Kurse (KNr)

Kursleiter (KLNr)

Externe Kursleiter (KLNr)

Interne Kursleiter (KLNr)

Der Id-Schlüssel „KLNr" in den Entitätsmengen „Externe Kursleiter" und „Interne Kursleiter" wird durch den Fremdschlüssel „KLNr" aus der Entitätsmenge „Kursleiter" gebildet. Man könnte auch künstliche Id-Schlüssel bilden wie z.B. „ELNr" und „ILNr". Dann wäre „KLNr" in diesen Entitätsmengen nur ein Fremdschlüssel und nicht Bestandteil des Id-Schlüssels.

Die globale Normalisierung ist jedoch noch längst nicht beendet, da noch viele nicht-hierarchische Beziehungen existieren. Ein erneuter Durchgang liefert folgendes Entitätenblockdiagramm:

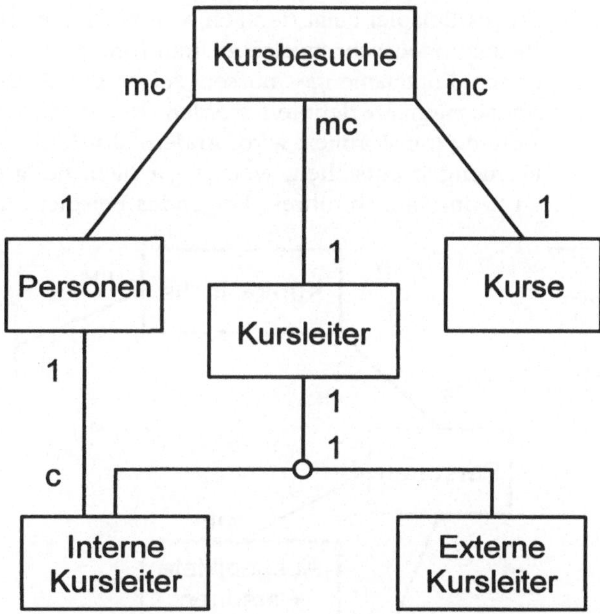

Bild 3.67: Entitätenblockdiagramm mit ausschliesslich hierarchischen Beziehungen

Die verbotene mc-mc Beziehung „besuchte Kurse" wurde transformiert und es entstand eine neue Entitätsmenge „Kursbesuche". Zwischen dieser Entitätsmenge und der Entitätsmenge „Kursleiter" konnte eine 1-mc Beziehung definiert werden, weil ja für jeden Kursteilnehmer auch der entsprechende Kursleiter und der besuchte Kurs bekannt sein muss. Diese Zusammenhänge wurden vorher durch die mc-mc Beziehungen zwischen der Entitätsmenge „Kursleiter" und den Entitätsmengen „Personen" und „Kurse" ausgedrückt. Deshalb konnten diese Beziehungen ohne Informationsverlust eliminiert werden. Die Datenbasis wäre nun global normalisiert, sofern nur noch lokale und globale Attribute existieren würden. Diese Abklärung bildet den nächsten Schritt des Entwurfsprozesses.

Die einzelnen Entitätsmengen besitzen nun folgende Id-Schlüssel:

> **Personen** (PNr)
> **Kurse** (KNr)
> **Kursleiter** (KLNr)
> **Externe Kursleiter** (KLNr)
> **Interne Kursleiter** (KLNr)
> **Kursbesuche** (PNr, KNr, KLNr)

Dieses Beispiel zeigt deutlich, wie wichtig es ist, nicht-hierarchische Beziehungen schrittweise zu transformieren. Bei jeder neu entstandenen Entitätsmenge müssen zuerst die Beziehungen zu anderen Entitätsmengen definiert werden, bevor die nächste verbotene Beziehung transformiert wird. Andernfalls riskiert man, dass neue Entitätsmengen entstehen, welche gar nicht nötig sind und letztendlich zu Redundanzen führen. Folgendes Beispiel soll dies verdeutlichen:

Bild 3.68:
Entitätenblockdiagramm mit versteckten Redundanzen

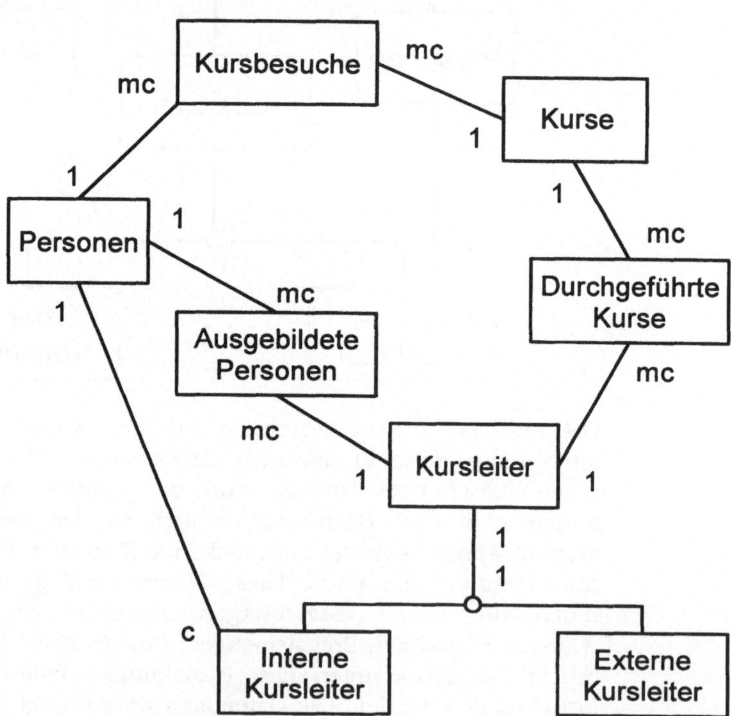

Dieses Entitätenblockdiagramm entsteht, wenn man die drei verbotenen Beziehungen des vorletzten Diagramms (Bild 3.66) gleichzeitig transformiert. In der Entitätsmenge „Kursbesuche" wird festgehalten, welche Personen welche Kurse besucht haben. In der Entitätsmenge „Ausgebildete Personen" steht, welche Personen von wem ausgebildet wurden und in der Entitätsmenge „Durchgeführte Kurse" ist gespeichert, welche Kursleiter welche Kurse gegeben haben. Es ist nicht gerade einfach zu erkennen, dass man diese drei Entitätsmengen zu einer einzigen Entitätsmenge zusammenfassen kann, wie dies im Entitätenblockdiagramm (Bild 3.67) getan wurde.

3.4.6   Lokal-Attribute

> Für jede Entitätsmenge werden die entsprechenden lokalen (beschreibenden) Attribute festgelegt, wobei auch Fremdschlüsselattribute verwendet werden dürfen. Anschliessend werden alle Relationen und schliesslich die gesamte Datenbasis normalisiert.

Nach Einbezug der beschreibenden Attribute besitzen die Relationen aus unserem Beispiel (Bild 3.67) folgenden Aufbau:

Personen (PNr, Name, Vorname, Funktion, Lohnstufe)
Kurse (KNr, Kursbezeichnung, Themengebiet, Kursort)
Kursleiter (KLNr, Status)
Externe Kursleiter (KLNr, EName, EVorname, Firma)
Interne Kursleiter (KLNr, PNr, Kurserfahrung)
Kursbesuche (PNr, KNr, KLNr, Datum)

Es ist zu beachten, dass nur dann zwei Attribute die gleiche Bezeichnung haben dürfen, wenn es sich um globale Attribute handelt oder wenn in der Datenbasis überlappende Entitätsmengen existieren. Dies ist bei den Relationen „Personen" und „Externe Kursleiter" nicht der Fall, weshalb das Attribut „EName" nicht „Name" heissen darf, obwohl es sich auch um eine Namensbezeichnung handelt. In der Relation „Kursleiter" musste gemäss Strukturregel 5 ein diskriminierendes Attribut „Status" eingeführt werden, welches für jedes Tupel angibt, wo die spezialisierten Informationen zu finden sind (externe oder interne Kursleiter). Es wird nun jede einzelne Relation normalisiert, sofern sie sich nicht schon in der 3. Normalform befindet.

Betrachten wir nun die Relation „Personen". Auf den ersten Blick scheint diese Relation normalisiert zu sein. Alle Attribute sind vom Id-Schlüssel funktional abhängig. Es fällt aber auf, dass das Attribut „Funktion" einen sehr begrenzten Wertebereich aufweist. Im Gegensatz zum Attribut „Name" gibt es hier nur wenige mögliche Attributwerte. Man könnte nun in der Relation „Personen" eine Funktionsnummer einfügen und bekäme dann via „FNr" eine transitive Abhängigkeit zwischen „Funktion" und „PNr":

Personen (<u>PNr</u>, Name, Vorname, FNr, Funktion, Lohnstufe)

Gemäss Normalisierungsprozedere müsste dann eine Aufteilung in folgende Relationen stattfinden:

Personen (<u>PNr</u>, Name, Vorname, FNr)
Funktionen (<u>FNr</u>, Funktion)

Wenn davon ausgegangen werden kann, dass jede Funktion anders heisst, wäre diese Aufteilung nicht zwingend erforderlich. Der Funktionsname wäre ja eindeutig. Es macht aber dennoch Sinn, diese Auftrennung vorzunehmen, wenn man sich vor Augen führt, dass später für jede Person noch deren Funktion eingetippt werden muss. Dabei können leicht Tippfehler entstehen, während eine Nummer kürzer und eindeutig ist. Aus diesem Grunde verfahren wir auch bei den restlichen Relationen in ähnlicher Weise.

> Ob eine Relation als normalisiert betrachtet werden kann, hängt weitgehend von der Aufgabenstellung und den Anforderungen an die Datenkonsistenz ab.

Die Datenbasis ist nun global normalisiert und sieht folgendermassen aus:

Personen (<u>PNr</u>, Name, Vorname, FNr, Lohnstufe)
Funktionen (<u>FNr</u>, Funktion)
Kurse (<u>KNr</u>, Kursbezeichnung, KTNr, Kursort)
Kursthemen (<u>KTNr</u>, Themengebiet)
Kursleiter (<u>KLNr</u>, Status)
Externe Kursleiter (<u>KLNr</u>, EName, EVorname, Firma)
Interne Kursleiter (<u>KLNr</u>, PNr, Kurserfahrung)
Kursbesuche (<u>PNr</u>, <u>KNr</u>, <u>KLNr</u>, Datum)

Das dazugehörende Entitätenblockdiagramm präsentiert sich wie folgt:

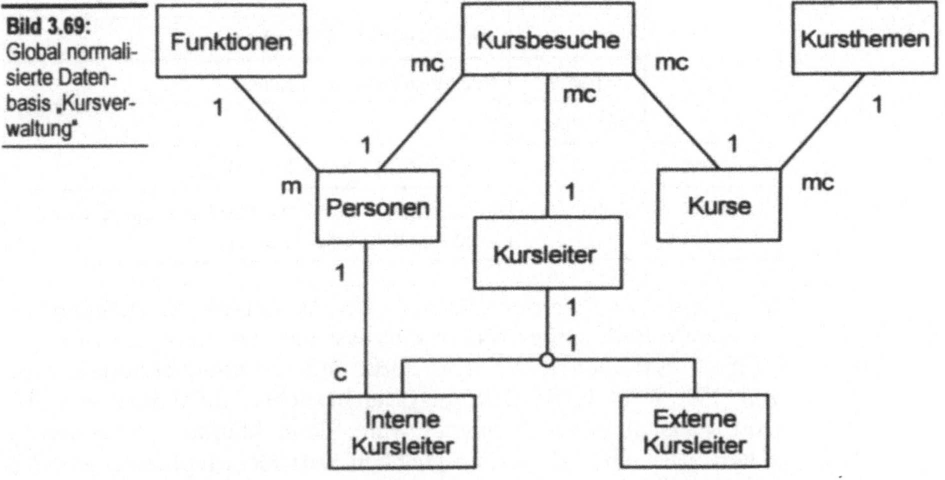

3.4.7   Konsistenzbedingungen

> Bei diesem Schritt geht es darum, Bedingungen zu formulieren, welche von den gespeicherten Daten eingehalten werden müssen. Damit ist sicherzustellen, dass die Datenkonsistenz jederzeit erhalten bleibt.

Das Datenmodell gibt bereits eine Vielzahl von solchen Bedingungen vor, welche je nach Datenbanksystem direkt unterstützt werden oder programmiert werden müssen. Dazu gehören die Eindeutigkeit von Id-Schlüsseln und die Einhaltung der dynamischen Wertebereiche von Fremdschlüsseln (**referentielle Integrität**). Beispielsweise dürfen in der Relation „Personen" im Attribut „FNr" nur Funktionsnummern akzeptiert werden, welche in der Relation „Funktionen" auch vorkommen.

Bei Attributen mit statischem Wertebereich ist dieser möglichst stark einzuschränken. Bei unserem Bespiel könnte dies so aussehen:

	Relation	Attribut	Wertebereich
Bild 3.70: Definition von Wertebereichen für ausgewählte Attribute	Personen	PNr	Ganze Zahlen mit 6 Ziffern zwischen 100000 und 999999
		Name	Zeichenkette mit 20 Zeichen
		Vorname	Zeichenkette mit 15 Zeichen
		Lohnstufe	1 bis 9
	Kursbesuche	Datum	Datumfeld im Format TT.MM.JJ
	Kursleiter	Status	Nur Zeichen 'I' für interne Kursleiter und 'E' für externe Kursleiter sind zulässig.

In diesem Sinne werden alle statischen Wertebereiche definiert. Eine weitere Bedingung könnte sein, dass jede Person einen Kurs nur einmal besuchen darf. Dann dürfte jede Attributwertkombination von „PNr, KNr" in der Relation „Kursbesuche" nur einmal vorkommen. Falls dies jedoch erlaubt wäre, dann könnte als Bedingung gelten, dass eine Person den gleichen Kurs nicht mehrmals am gleichen Datum besuchen darf. Der Id-Schlüssel der Relation „Kursbesuche" sähe dann so aus: „PNr, KNr, Datum". Mit diesem Id-Schlüssel könnte verhindert werden, dass ein bestimmter Kursbesuch versehentlich zweimal abgespeichert wird (siehe Kapitel 4.6.2).

Es ist auch in diesem Schritt möglich, dass neue Entitätsmengen definiert werden müssen. Wenn beispielsweise funktionsspezifische Kurse angeboten werden, muss gewährleistet sein, dass nur Personen mit der richtigen Funktion solche Kurse besuchen können. Dafür muss eine neue Entitätsmenge „Kurskontrolle" in die Datenbasis aufgenommen werden, weil zwischen den Entitätsmengen „Funktionen" und „Kurse" eine verbotene m-mc Beziehung entsteht:

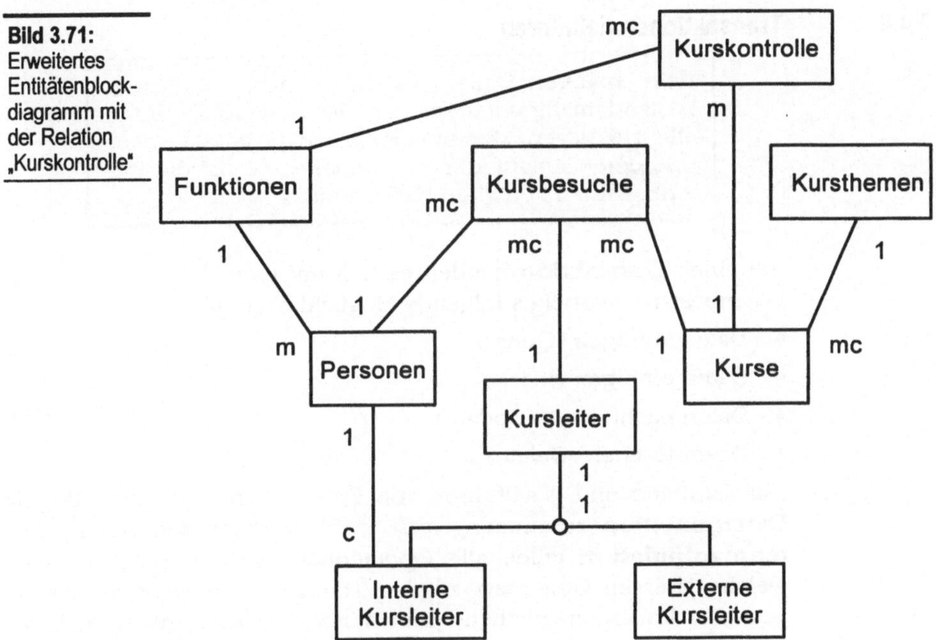

Die Relation „Kurskontrolle" hat folgenden Aufbau:

Kurskontrolle (FNr, KNr).

Die m-Assoziation zwingt dazu, dass für jeden Kurs definiert werden muss, welche Funktionen ihn besuchen dürfen. Zwischen den Entitätsmengen „Kursbesuche" und „Kurskontrolle" besteht keine direkte Beziehung. Trotzdem muss die Einschränkung der Kursbesuche bei den Transaktionen berücksichtigt werden. Man sieht nun, dass im Verlaufe des Entwurfprozesses auch Sachverhalte auftauchen können, an die man bei der Aufgabenstellung unter Umständen gar nicht gedacht hat (dies entspricht zwar nicht dem Idealfall, dafür aber der Realität).

3.4.8 Transaktionen definieren

> Beim späteren Datenbankbetrieb muss der Datenbestand manipuliert werden. Es ist deshalb nötig, alle zulässigen Manipulationsarten (Transaktionen) und deren Ablauf klar zu definieren, wobei die Datenkonsistenz erhalten bleiben muss.

Bei einer **Transaktion** handelt es sich um eine Operation auf den Datenbestand, wobei es folgende Möglichkeiten gibt:

- Daten abfragen (Query)
- Daten einfügen (Insert)
- Daten nachführen (Update)
- Daten löschen (Delete)

Das Einfügen und Nachführen von Daten kann unter dem Begriff **Datenmutation** zusammengefasst werden. Unter den Begriff **Datenmanipulation** fallen alle Operationen auf den Datenbestand, welche aber im Gegensatz zu den Transaktionen nicht notwendigerweise konsistenzerhaltend sein müssen. Eine Transaktion kann auch aus mehreren Operationsschritten bestehen.

Bei unserer Kursverwaltung müssen wir uns nun überlegen, welche Transaktionen wir beim Datenbankbetrieb benötigten. Dabei beschränken wir uns auf folgende Mustertransaktionen:

A. Einfügen, Löschen und Nachführen von Kursthemen in der Relation „Kursthemen".

B. Einfügen, Löschen und Nachführen von Kursdaten in der Relation „Kurse".

C. Einfügen, Löschen und Nachführen eines Tupels in der Relation „Kurskontrolle".

D. Einfügen eines Kursleiters in die Relation „Kursleiter".

E. Abfrage: Liste von allen besuchten Kursen von Person X mit Kursnummer, Kursbezeichnung, Kursdatum, Personalnummer, Kursleitername und Firma.

Diese Beispiele zeigen typische Probleme, welche beim Datenbankbetrieb auftreten können. Die Transaktionen A bis E werden nun nacheinander diskutiert.

Transaktion A gestaltet sich am einfachsten, weil die Relation „Kursthemen" nur mit einer Relation verknüpft ist. Die 1-mc Beziehung bedeutet ausserdem, dass man Tupel (Datensätze) einfügen und nachführen kann, ohne dass dies direkte Auswirkungen auf die Relation „Kurse" hat, weil solch ein Tupel nicht mit anderen Tupeln assoziiert sein muss. Hingegen darf in der Relation „Kursthemen" nur dann ein Tupel gelöscht werden, wenn in der Relation „Kurse" keine Tupel mehr mit dem zu löschenden Tupel assoziiert sind. Konkret bedeutet dies, dass ein Kursthema erst dann gelöscht werden darf, wenn keine Kurse mehr zu diesem Thema existieren. Andererseits dürfen wir jederzeit neue Kursthemen eingeben. Solche Bedingungen müssen speziell programmiert werden, sofern die Datenbank dies nicht direkt unterstützt. Beim Einfügen eines Tupels besteht die Möglichkeit, den Id-Schlüsselwert selbst zu vergeben oder vom System vergeben zu lassen. Es gehört somit auch zu einer Transaktion, Id-Schlüsselwerte zu generieren bzw. auf Eindeutigkeit zu prüfen.

Transaktion B gestaltet sich schon schwieriger. Man kann einen Kurs erst dann eingeben, wenn das entsprechende Kursthema in der Relation „Kursthemen" schon existiert, weil man ja beim Attribut „KTNr" nach dem Fremdschlüsselwert gefragt wird. Noch komplizierter wird die Sache, weil zwischen den Relationen „Kurse" und „Kurskontrolle" eine 1-m Beziehung besteht, welche uns dazu zwingt, für jeden neuen Kurs sofort anzugeben, welche Funktionen diesen Kurs besuchen dürfen. Dies ist aber nur möglich, wenn bereits alle Funktionen eingegeben worden sind. Eine Funktion können wir aber nur eingeben, wenn mindestens eine Person dieser Funktion angehört. Unsere Transaktion zieht also ein richtigen Rattenschwanz an Bedingungen mit sich. Man erkennt aus diesem Beispiel schon, dass es wichtig ist, welche Daten man zuerst eingibt. Diese Basisdaten werden auch **Stammdaten** genannt. In unserem Falle wäre es am sinnvollsten, mit der Relation „Personen" anzufangen, weil dann nur noch die Funktionen gleichzeitig definiert werden müssen. Doch zurück zur Relation „Kurse". In der Praxis würden wir bei der Eingabe eines neuen Kurses neben den kursspezifischen Daten auch nach der Funktionsnummer gefragt. Falls diese existiert, wird in der Relation „Kurskontrolle" ein entsprechendes Tupel generiert. Andernfalls wird die Transaktion abgebrochen mit dem Hinweis, zuerst die Funktion zu definieren.

Bei der **Transaktion C** erübrigt sich das Einfügen eines neuen Tupels, weil dies bei der Kurseingabe automatisch geschehen muss. Für das Löschen eines Tupels ergeben sich keine Einschränkungen. Das Nachführen eines Tupels ist hingegen verboten, weil dafür der

Id-Schlüsselwert geändert werden müsste (andere Attribute existieren ja nicht), welcher bei dieser Relation aus den Fremdschlüsseln „FNr" und „KNr" gebildet wird. Gemäss Definition des Id-Schlüssels darf ein Id-Schlüsselwert aber nie geändert werden. Programmtechnisch gesehen müssten bei einer Änderung eines bestehenden Id-Schlüsselwertes sämtliche Tabellen nachgeführt werden, in denen dieser Id-Schlüssel als Fremdschlüsselattribut vorkommt.

Bei der **Transaktion D** tritt das Problem auf, dass die Zugehörigkeit des neuen Kursleiters zur Entitätsmenge „Externe Kursleiter" bzw. „Interne Kursleiter" erst bekannt ist, wenn im Attribut „Status" der Relation „Kursleiter" ein 'I' oder 'E' eingegeben wird. Falls ein 'I' eingegeben wird, muss das System automatisch nach der Personalnummer und der Kurserfahrung fragen. Im anderen Falle werden Name, Vorname und Firma benötigt. Vor der Mutation muss aber noch sichergestellt werden, dass es diesen Kursleiter nicht schon gibt. Es sind während dieser Transaktion also diverse Abklärungen zu treffen, welche grösstenteils programmiert werden müssen. Ausserdem wäre es einfacher, wenn man die internen Kursleiter in der Relation „Personen" beispielsweise mit einem 'X' markieren könnte und diese dann automatisch in die Relation „Interne Kursleiter" eingefügt würden. Auch hier müsste dann der Id-Schlüsselwert vom System automatisch vergeben werden.

Die **Transaktion E** scheint einfach zu sein, weil bei einer Abfrage normalerweise keine Daten verändert werden und somit keine Konsistenzprobleme auftreten. In unserem Beispiel soll eine Liste der besuchten Kurse einer Person X erstellt werden, welche folgenden Aufbau hat:

	KNr	Kursbezeichnung	Datum	PNr	Name	Firma
Bild 3.72: Gewünschte Liste für Kursbesuchsdaten	123	Arbeitshygiene	03-FEB-91	845622	Huber	
	776	Wartung von Anlagen	15-APR-92	232452	Müller	
	454	Elektrostatische Aufladung	17-SEP-91		Krieg	Funkenflug

Man sieht, dass in dieser Liste Nullwerte auftreten. Bei internen Kursleitern wird die Firma nicht aufgelistet, während bei externen Kursleitern die Personalnummer nicht benötigt wird. Wenn man diese Liste mit der Datenbanksprache SQL erstellen möchte, gibt dies grosse Probleme, weil der Kursleitername abhängig vom Status entweder aus der Relation „Personen" oder der Relation „Externe Kursleiter" geholt werden muss. Um dieses Problem dennoch lösen zu können, wird eine Hilfstabelle mit folgendem Aufbau erstellt:

Liste (KNr, Kursbezeichnung, Datum, PNr, Name, Firma)

Für jede Transaktion E sind dann folgende Schritte nötig:

1. Löschen aller alten Datensätze aus der Tabelle „Liste"

2. Kursbesuchsdaten mit internen Kursleitern in der Hilfstabelle abspeichern

3. Kursbesuchsdaten mit externen Kursleitern in der Hilfstabelle abspeichern

4. Inhalt der Hilfstabelle anzeigen

Diese vier Schritte könnte man z.B. mit ORACLE-SQL in Form eines Batch-Files programmieren. Dieses Kommandofile würde dann folgendermassen aussehen:

Bild 3.73:
SQL-Kommandofile für Kursbesuchsliste

```
/* Punkt 1 */
DELETE FROM Liste;

/* Punkt 2 */
INSERT INTO Liste (KNr, Kursbezeichnung, Datum, PNr, Name)
SELECT A.KNr, Kursbezeichnung, Datum, C.PNr, Name
FROM Kurse A, Kursbesuche B, Personen C, Interne_Kursleiter D
WHERE (B.KNr, B.Datum) IN (        SELECT KNr, Datum
                                   FROM Kursbesuche
                                   WHERE PNr=&1 )

AND B.KNr=A.KNr
AND B.KLNr=D.KLNr
AND C.PNr=D.PNr;

/* Punkt 3 */
INSERT INTO Liste (KNr, Kursbezeichnung, Datum, Name, Firma)
SELECT A.KNR, Kursbezeichnung, Datum, EName, Firma
FROM Kurse A, Kursbesuche B, Externe_Kursleiter C
WHERE PNr=&1
AND B.KNr=A.KNr
AND B.KLNr=C.KLNr;

/* Punkt 4 */
SELECT * FROM Liste;
```

Die Transaktion wird in der SQL-Umgebung gestartet mit „START Kursbesuch X". Kursbesuch ist der Name des Kommandofiles. „X" ist die Personalnummer der Person X und wird als Argument übergeben.

Wenn man nun sowohl die internen- als auch externen Kursleiter in einer einzigen Relation zusammenfassen würde, dann sähe die Datenbasis folgendermassen aus:

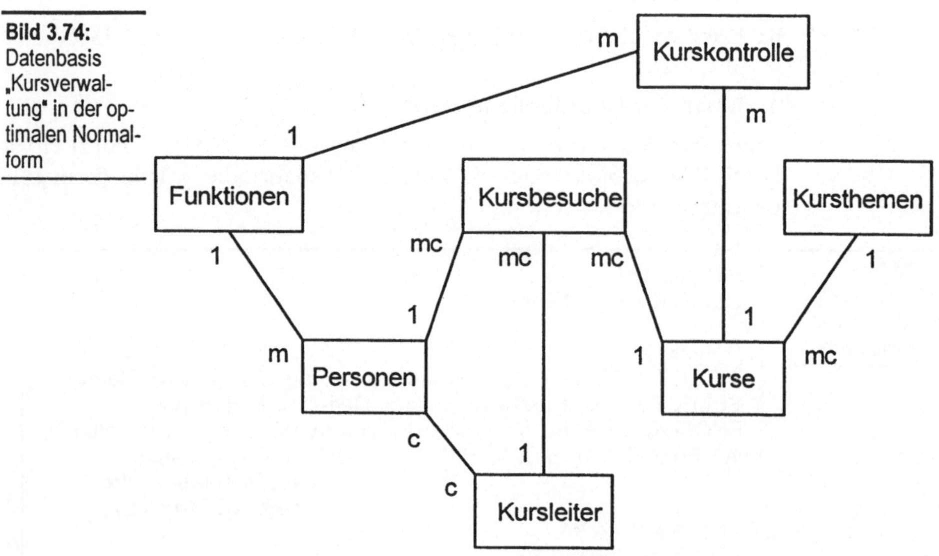

Bild 3.74: Datenbasis „Kursverwaltung" in der optimalen Normalform

Die Relationen „Interne Kursleiter" und „Externe Kursleiter" wurden zu einer einzigen Relation „Kursleiter" zusammengefasst, wobei nun eine verbotene c-c Beziehung entstanden ist. Diese c-c Beziehung kommt zustande, weil es ja auch externe Kursleiter gibt, welche nicht zur Relation „Personen" gehören. Die Relation „Kursleiter" hat folgenden Aufbau:

Kursleiter (<u>KLNr</u>, Status, PNr, Name, Vorname, Firma, Kurserfahrung)

Bei der Eingabe eines neuen Kursleiters werden nur noch die notwendigen Felder der Tabelle ausgefüllt. Bei einem internen Kursleiter müssen Status, Personalnummer, Name, Vorname und die Kurserfahrung angegeben werden, während bei einem externen Kursleiter Status, Name, Vorname und Firma genügen. Es werden nun also bewusst Nullwerte akzeptiert, obwohl diese gemäss Relationenmodell nicht zulässig sind. Das Attribut „Status" wird beibehalten, weil man anhand dieses Attributes einen Plausibilitätstest (siehe Kapitel 4.7.1) durchführen kann. Wenn nämlich eine Personalnummer eingegeben wird, obwohl im Statusfeld ein „E" steht, dann ist die Eingabe mit Sicherheit falsch. Die Gewährleistung der Datenkonsistenz liegt in diesem Falle ganz beim Programmierer und wird durch das Datenbanksystem nicht mehr unterstützt.

Das Generieren unser Liste der Kursbesuche vereinfacht sich nun sehr stark. Es wird keine Hilfstabelle mehr benötigt, weil die Transaktion E mit einer einzigen SQL-Anweisung realisiert werden kann. Das SQL-Kommandofile sieht dann folgendermassen aus:

Bild 3.75:
SQL-Kommandofile für die Kursbesuchsliste nach der Optimierung

```
SELECT A.Nr, Kursbezeichnung, Datum, B.PNr, Name, Firma
FROM Kurse A, Kursleiter B, Kursbesuche C
WHERE B.KLNr=C.KLNr
AND A.KNr=C.KNr
AND C.PNr=&1;
```

Man braucht nicht unbedingt SQL zu verstehen, um zu erkennen, dass die Transaktion E mit diesem Aufbau wesentlich effizienter sein wird. Messungen der Transaktionsdauer ergaben, dass die Abarbeitung dieses Kommandofiles durchschnittlich um 72% schneller erfolgte, als dies beim ursprünglichen Kommandofile der Fall war.

Dieser Wert ist natürlich systemabhängig. Dennoch ist klar ersichtlich, dass die Effizienz stark von der gewählten Datenstruktur abhängt.

Dieses Beispiel zeigt anschaulich, dass auch die Formulierung von Transaktionen dazu führen kann, die Datenbasis zu verändern. Damit wird auch der Begriff der optimalen Normalform verständlich. „Optimal" bezieht sich auf den Datenbankbetrieb und bedeutet, dass die Datenbasis so gestaltet werden muss, dass sie den Anforderungen bezüglich Verarbeitungsgeschwindigkeit (Antwortzeiten) und Bedienungsfreundlichkeit genügt.

Sämtliche Relationen des optimierten Entitätenblockdiagrammes (Bild 3.74) und deren Definitionen und Tupel sind im Anhang aufgeführt.

3.4.9   Zusammenfassung

Der logische Entwurfsprozess beschreibt den schrittweisen Aufbau eines optimalen Datensystems, wobei die Datenkonsistenz eine zentrale Bedeutung einnimmt. Dabei sind folgende Sachverhalte zu beachten:

- Der logische Entwurfsprozess ist keineswegs eindeutig. Zwei verschiedene Applikationsprogrammierer werden meistens auch unterschiedliche Datensysteme entwerfen.

- Der logische Entwurfsprozess ist iterativ. Eine anfänglich grobe Datenstruktur wird schrittweise verfeinert, wobei neue Entitätsmengen und Beziehungen entstehen können.

- Der Normalisierungsprozess alleine ist keine Gewähr für ein praxistaugliches Datensystem. Es ist durchaus möglich, dass zu Gunsten der Systemleistung und/oder der Benutzerfreundlichkeit vom theoretischen Datenmodell abgewichen werden muss.

Die Effizienz der Datenmodellierung hängt auch hier stark von der Erfahrung ab. Diese erlangt man nur durch Übung und Praxis. Dennoch können folgende Regeln beim Entwurfsprozess sehr hilfreich sein:

- Die Anforderungen an das Datenbanksystem sollten möglichst präzise in Form eines Pflichtenheftes formuliert werden. Unklare Vorgaben führen zwangsläufig zu mangelhaften Applikationen.

- Es sollten in einer ersten Phase möglichst viele Entitätsmengen gebildet werden. Damit werden rekursive Beziehungen, welche das Problem unnötig komplizieren, weitgehend vermieden.

- Nicht-hierarchische Beziehungen sollten nicht im gleichen Schritt, sondern nacheinander transformiert werden. Falls neue Entitätsmengen entstehen, sind die entsprechenden Beziehungen umgehend zu formulieren. Dadurch können versteckte Redundanzen vermieden werden.

- Man sollte die Datenbasis zuerst global normalisieren und erst dann zur optimalen Normalform übergehen. Damit werden Redundanzen als solche erkannt und können programmtechnisch so verwaltet werden, dass die Datenkonsistenz jederzeit garantiert werden kann.

3.5 Datenintegrität

Datenintegrität ist dann gegeben, wenn ein Datenbanksystem so funktioniert, dass keine widersprüchlichen Daten entstehen können, Daten nicht verloren gehen und der Datenzugriff geregelt ist. Die Datenintegrität kann man in folgende Themen aufgliedern:

- Datenkonsistenz
- Datensicherheit
- Datenschutz

3.5.1 Datenkonsistenz

Der Begriff Datenkonsistenz wurde in früheren Kapiteln bereits verwendet. Datenkonsistenz bedeutet die Freiheit von Widersprüchen innerhalb der Datenbank. Wenn ein Datensystem gemäss globalem Datenmodell aufgebaut wurde, dann sollte die Datenstruktur weitgehend widerspruchsfrei sein. Es gibt aber zwei Möglichkeiten, wie beim Datenbankbetrieb Widersprüche in den Daten entstehen können:

- Bei der Dateneingabe.

- Bei der Durchführung von Transaktionen.

Wenn beispielsweise bei der Relation „Personen" statt Müller Muller eingetippt wird, dann können später keine Daten zur Person Müller abgefragt werden, weil für das Datenbanksystem nur ein Muller, aber kein Müller existiert. Solche Tippfehler können nicht verhindert werden, womit bereits gesagt ist, dass es eine 100% konsistente Datenbank nicht geben kann. Dennoch macht es Sinn, alle Eingaben so weit als möglich auf deren Richtigkeit hin zu überprüfen, um eine möglichst hohe Datenkonsistenz zu erreichen. Wenn z.B.

alle Bestandteile eines Gemisches als Prozentwerte eingegeben werden, dann sollte das Datenbanksystem eine Fehlermeldung generieren, wenn als Summe dieser Prozentwerte nicht 100% herauskommt.

Bei der Durchführung von Transaktionen werden Daten eingefügt, verändert, gelöscht oder abgefragt. Solche Transaktionen können über mehrere Schritte verlaufen, wobei am Schluss einer Transaktion der Datenbestand weiterhin widerspruchsfrei vorliegen muss. Beispielsweise darf aus einer Relation „Kursthemen" nur dann ein Kursthema gelöscht werden, wenn keine Kurse existieren, welche zu diesem Kursthema gehören. Andernfalls können diese Kurse keinem Kursthema mehr zugeordnet werden. Wenn dann das Problem so gelöst werden soll, dass gleichzeitig sämtliche Kurse zu diesem Kursthema gelöscht werden, dann ist dies nur zulässig, wenn noch niemand einen solchen Kurs besucht hat. Es ist also wichtig, dass bei jedem Schritt einer Transaktion genau abgeklärt wird, welche Konsequenzen sich ergeben können.

3.5.2   Datensicherung

Bei der Datensicherung soll verhindert werden, dass Daten beschädigt werden oder verloren gehen. Dies geschieht durch technische und organisatorische Mittel:

Zu den **technischen Mittel** gehören das regelmässige Kopieren der gespeicherten Daten auf ein separates Speichermedium (Backup) und der Schutz der Rechnerhardware vor Zerstörung (Feuer etc.). Häufig eingesetzte Speichermedien sind je nach Grösse des Datenbestandes Magnetbänder, Optische Speicherplatten, Festplatten und Disketten.

Zu den **organisatorischen Mitteln** gehören das Erteilen von Zugriffsberechtigungen auf bestimmte Daten mittels Passwort und der kontrollierte Zutritt zur Rechnerhardware (Schlüsselregelungen etc.).

Die grössten Gefahren bilden aber Programmierfehler (fehlerhafte Transaktionen) sowie Bedienungsfehler (z.B. versehentliches Formatieren des Speichermediums, falsche Dateneingabe etc.). Gerade das Austesten neuer Transaktionen sollte nur auf einem Testsystem durchgeführt werden. Dort ist es nicht weiter schlimm, wenn Daten verloren gehen. Sollten aber Fehler erst im produktiven Datenbankbetrieb auftreten, dann besteht nur noch die Möglichkeit, früher gesicherte Daten zurückzuspeichern. Allerdings gehen dann aber alle Daten seit dem letzten Backup verloren.

3.5.3   Datenschutz

Der Datenschutz hat zum Ziel, den Datenmissbrauch zu verhindern. Vertrauliche Daten müssen vor dem Zugriff unberechtigter Personen geschützt werden. Dies geschieht, indem für jeden Benutzer festgelegt wird, auf welche Daten er zugreifen darf. Für die Zutrittsberechtigung zum Datenbanksystem wird meistens ein Passwort verlangt, welches vom Benutzer frei gewählt werden kann und nur dem Datenbanksystem bekannt ist. Der Benutzer ist verpflichtet, sein Passwort geheimzuhalten. Er haftet persönlich für alle Schäden, welche durch die unsachgemässe Verwendung seines Passwortes entstehen. Es werden zum Teil auch elektronische Geräte für die Unterschriftserkennung eingesetzt. Der zu betreibende Aufwand hängt dabei von der Wichtigkeit der gespeicherten Daten ab. Für den Datenschutz gelten folgende Grundsätze:

- Ziel und Zweck der Speicherung und Verarbeitung von Daten, speziell für Personendaten, müssen klar definiert sein. Massgebend dafür sind Rechtsgrundlagen, Vertragsbestimmungen und Zweckartikel.

- Das Speichern von personenbezogenen, heiklen Daten ist nur beschränkt zulässig.

- Sammlungen von Personendaten müssen je nach gesetzlichen Bestimmungen registriert werden. Jede Person ist berechtigt, ihre persönlichen Daten einzusehen. Es existiert also ein Auskunftsrecht.

- Falsche oder unvollständige Daten müssen berichtigt bzw. ergänzt werden, soweit dies die Datenverarbeitung erfordert. Unzulässige oder nicht mehr benötigte Daten sind zu vernichten.

- Beim Datenverkehr (Weitergabe von Daten) herrschen besondere Sorgfaltspflichten.

3.6   Fragen und Aufgaben zu Kapitel 3

3.1. Was bezweckt die globale Datennormalisierung?

3.2. Was ist eine Entitätsmenge?

3.3. Wie ist eine Relation aufgebaut?

3.4. Welche Assoziationstypen kennen Sie?

3.5. Welche unterschiedlichen Beziehungen gibt es?

3.6. Welches ist der wesentliche Unterschied zwischen einem Identifikationsschlüssel und einem Primärschlüssel?

3.7. Was können Sie über den Wertebereich eines Fremdschlüssels sagen?

3.8. Welche Beziehungen müssen transformiert werden?

3.9. Wodurch unterscheidet sich eine transformierte „c-c" Beziehung von anderen transformierten Beziehungen?

3.10. Suchen Sie zu den 10 verschiedenen Beziehungen je ein typisches Beispiel.

3.11. Zeichnen Sie das Entitätenblockdiagramm für folgende Situation:

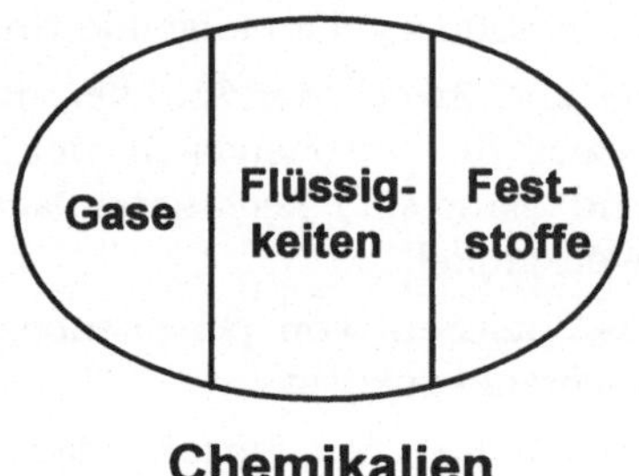

Chemikalien

3.12. Welche Beziehung existiert zwischen den Entitätsmengen „Politiker" und „Parteien"?

3.13. Führen Sie bei der Tabelle „Reisebüro" (S. 85) eine globale Normalisierung durch und zeichnen Sie das entsprechende Entitätenblockdiagramm. Es handelt sich bei diesem Beispiel um ein Reisebüro, welches alle Buchungen mit Karteikarten verwaltete und infolgedessen Bankrott ging. Beachten Sie, dass es möglich ist, Hinflüge ohne Rückflüge zu buchen. Ein Hin- bzw. Rückflug kann sich aus mehreren Teilflügen zusammensetzen.

3.14. Was versteht man unter dem Begriff „Datenintegrität"?

Tabelle zur Aufgabe 3.13:

Reisebüro

Buchungs-datum	Preis	Name	Vorname	Adresse	Ort	Reiseziel	Hotel	Anzahl Personen	Hinflug	Hinflug-datum	Hinflug-zeit	Rück-flug	Rückflug-datum	Rück-flugzeit
12.12.92	2450.-	Müller	Hugo	Saturnweg 7	Laufen	Rio	Hilton	2	SR220	12.3.93	7.15	BA321	15.3.93	12.10
22.12.92	450.-	Meier	Max	Feldweg 5	Buckten	Birming-ham	Royal	1	BA212	23.4.93	8.20	SR212	28.4.93	12.30
									SR420	23.4.93	9.30	-	-	-
1.1.93	4450.-	Schmid	Beat	Hauptstr. 13	Aesch	Hawai	Aloha	3	SR212	25.5.93	12.40	-	-	-
4.1.93	840.-	Müller	Hugo	Saturnweg 7	Laufen	Frankfurt	Tropica	4	BA123	12.3.93	12.10	DA110	12.4.93	21.10
15.1.93	1820.-	Steffen	Felix	Heuboden 2	Pratteln	St. Domingo	Royal	1	AF320	24.5.93	8.15	AF210	4.6.93	9.30
									AF512	24.5.93	17.20	AF212	4.6.93	18.20
									-	-	-	CR101	5.6.93	7.20
1.2.93	2400.-	Müller	Hugo	Flühstr. 12	Reinach	Caracas	Central	2	AV555	12.4.93	10.00	-	-	-
									VI113	12.4.93	22.30	-	-	-
						Rio	Pallas							
						Ibiza	Perle							
							Mango							

4 Datenbankentwicklung

In diesem Kapitel wird beschrieben, wie eine Datenbankapplikation für ein bestehendes Datenbankproblem entwickelt und realisiert werden kann. Es wird dabei angenommen, dass die ganze Datenbankapplikation von einer einzigen Person, dem Datenbankadministrator (DBA), erstellt werden kann und dass der DBA nicht gleichzeitig der Benutzer ist. Es handelt sich also um eine kleine Datenbankapplikation. Für die Benutzerschulung und den Betrieb der Datenbank ist ebenfalls der DBA verantwortlich. Ausserdem seien die Datenbanksoftware und die Rechnerhardware vorgegeben, wobei eine Client-Server Architektur verwendet wird, welche folgendermassen aussieht:

Bild 4.1:
Client/Server-Architektur mit drei Benutzern

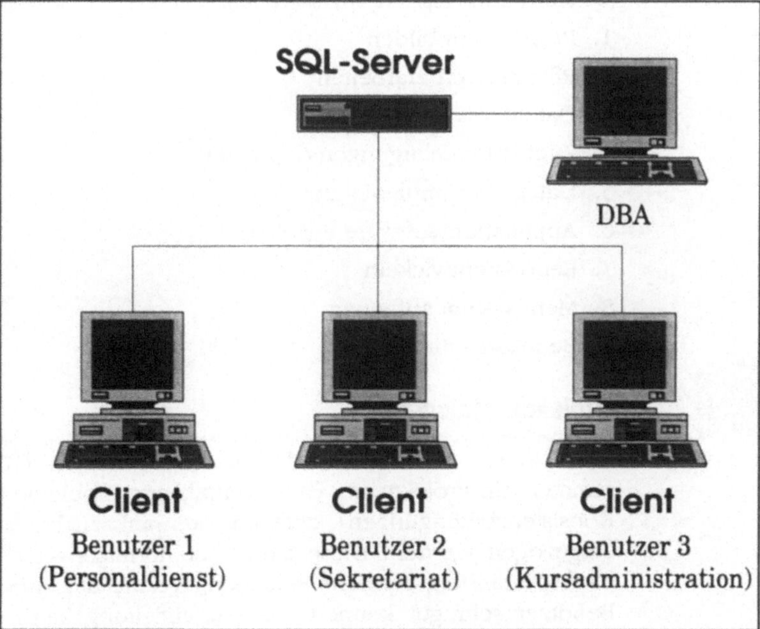

Es gibt drei Benutzer mit je einem PC, welche über ein Netzwerk mit dem Server verbunden sind. Auf dem Server läuft die Datenbank, während auf den PC's die Applikationssoftware installiert ist. Der Client (PC) sendet seine Transaktionsanforderungen in Form von SQL-Anweisungen an den Datenbankserver. Dieser führt die Transaktionen durch und liefert die aufbereiteten Daten an den Client zurück. Der Datenbankadministrator (DBA) ist direkt mit dem Server verbunden. Es wäre aber auch möglich, den Server via Netzwerk zu betreuen.

4.1 Ablauf

Es soll nun der Ablauf eines Datenbankprojektes beschrieben werden, wobei schwergewichtig die Arbeiten des DBA im Vordergrund stehen. Der Projektentscheid wurde gefällt, das Konzept steht, der Kredit ist bewilligt und die Benutzer stehen zur Verfügung. Detailinformationen über die Durchführung von Informatik-Projekten können der Literatur [Zehnder, 86] entnommen werden. Spezielle Informationen über Datenbankprojekte finden sich in der Literatur [Zehnder, 87] und [Vetter, 90]. Der Ablauf unseres Datenbankprojektes sieht nun folgendermassen aus:

1. Projektteam bilden

2. Pflichtenheft erarbeiten

3. Datenbasis entwerfen

4. Zugriffsberechtigungen definieren

5. Datenbasis implementieren

6. Applikationssoftware erstellen

7. Reports entwickeln

8. Menüsystem aufbauen

9. Benutzer schulen

4.2 Projektorganisation

Die späteren Benutzer der Datenbank sowie der DBA bilden zusammen ein Projektteam. Falls komplizierte Probleme (z.B. spezielle Konsistenzbedingungen) anfallen, können auch Fachspezialisten beigezogen werden. Diese sind aber normalerweise keine Datenbankspezialisten, sondern Personen, welche das Arbeitsumfeld der Benutzer sehr gut kennen. Die Projektleitung kann entweder der DBA oder eine Fremdperson übernehmen.

Bild 4.2:
Beispiel einer
Projektorgani-
sation

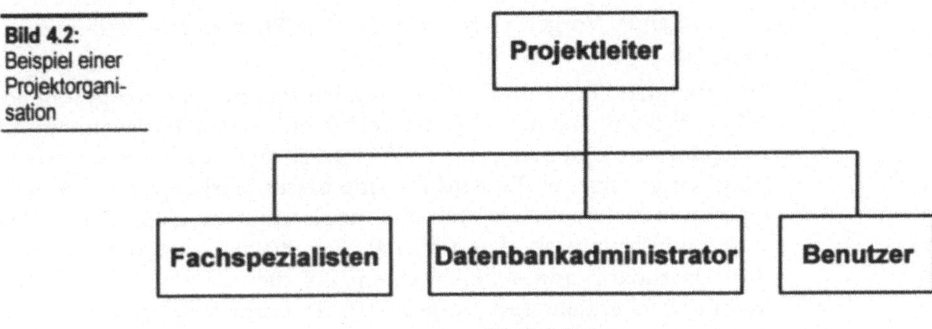

Projektteam

Der Projektleiter führt die Projektteamsitzungen. Er ist verantwortlich für die Termin- und Kostenkontrolle. Der DBA entwickelt in Zusammenarbeit mit den Benutzern und den Fachspezialisten die Datenbank. Bei unserem Projekt übernimmt er auch gleich die Projektleitung.

4.3   Pflichtenheft erarbeiten

Im Pflichtenheft wird so detailliert wie möglich beschrieben, was die zukünftige Datenbankapplikation können muss und wie sie auszusehen hat. Dies entspricht dem Punkt „Aufgabenstellung festlegen" beim logischen Entwurfsprozess. Ein grosses Problem besteht darin, dass die Benutzer meist nur über relative geringe EDV-Kenntnisse verfügen und von Datenbanken vielfach nichts verstehen. Dadurch können sie auch nicht abschätzen, welche Konsequenzen sich bezüglich Aufwand oder Antwortzeiten aus ihren Forderungen ergeben können. Die Benutzer sollten also zu Beginn des Projektes mit dem Datenbankgrundwissen geschult werden. Es darf aber auch nicht passieren, dass der DBA anfängt, irgend etwas zu entwickeln und dies den Benutzern als vollendete Tatsachen präsentiert. In diesem Falle wird die Datenbankapplikation immer mit Akzeptanzproblemen zu kämpfen haben, weil die Benutzer nicht mehr das Gefühl haben, dass sie die Entwicklung massgebend beeinflusst haben. Ausserdem wird solch eine Applikation nicht die für den Benutzer notwendige Funktionalität aufweisen.

> Eine optimale Datenbankapplikation wird nur dann entstehen können, wenn sowohl der Benutzer als auch der DBA zu Kompromissen bereit sind.

Das folgende Vorgehen hat sich für die Pflichtenhefterstellung gut bewährt:

Die Benutzer entwerfen Bildschirmmasken für alle vorgesehenen Arbeitsabläufe. Darauf sind alle Felder und deren Bildschirmanordnung für die Dateneingabe, Datenabfrage und die Programmsteuerung eingezeichnet. Es wird für jede dieser Masken notiert, welche Operationen (eigentlich Transaktionen) damit möglich sein sollen. Eine Bildschirmmaske kann also als Schnittstelle zwischen Benutzer und Datenbank angesehen werden. Bei diesem Verfahren werden automatisch Entitätsmengen gebildet, da normalerweise jede dieser Masken mit einer oder mehreren Relationen verbunden sein wird. Eine solche Maske könnte beispielsweise so aussehen:

Bild 4.3:
Beispiel einer
Benutzermaske
für die Daten-
verwaltung

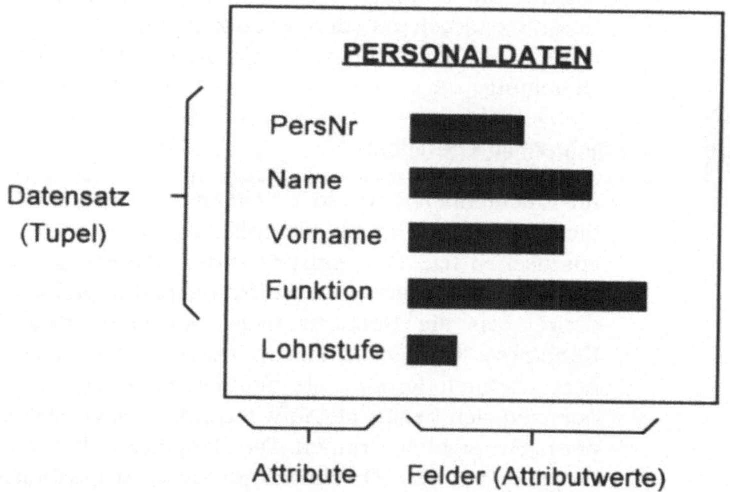

Aus dem Titel dieser Maske kann bereits die Entitätsmenge „Personen" gebildet werden. Die Bezeichnungen entsprechen den Attributen und die Felder den Attributwerten. Beim Normalisierungsprozess in Kapitel 3.2 haben wir gesehen, dass noch eine Entitätsmenge „Funktionen" entstehen könnte. In diesem Falle müsste bei dieser Maske noch ein Feld für den Fremdschlüssel „FNr" eingebaut werden, weil dann aus Gründen der Datenkonsistenz eine Funktionsnummer und nicht die Funktionsbezeichnung eingetippt würde.

Der DBA wird mit Hilfe dieser Masken dann die Datenbasis entwerfen, wobei die Bildschirmmasken unter Umständen abgeändert werden müssen.

4.4 Datenbasis entwerfen

Aus den vorliegenden Bildschirmmasken wird nun versucht, die Datenbasis zu entwerfen. Dabei werden zuerst Entitätsmengen gebildet, Beziehungen formuliert usw., wie dies im Kapitel 3.4 beschrieben wird. Bei diesem Prozess müssen die Benutzer immer wieder Informationen liefern, im Hinblick auf Funktionalität, Arbeitsabläufe und Wertebereiche der Attribute. Die gewünschten Funktionen können in Form eines hierarchischen Funktionendiagrammes dargestellt werden. Solch ein Funktionendiagramm kann z.B. folgenden Aufbau haben:

Bild 4.4:
Beispiel eines
Funktionendia-
grammes

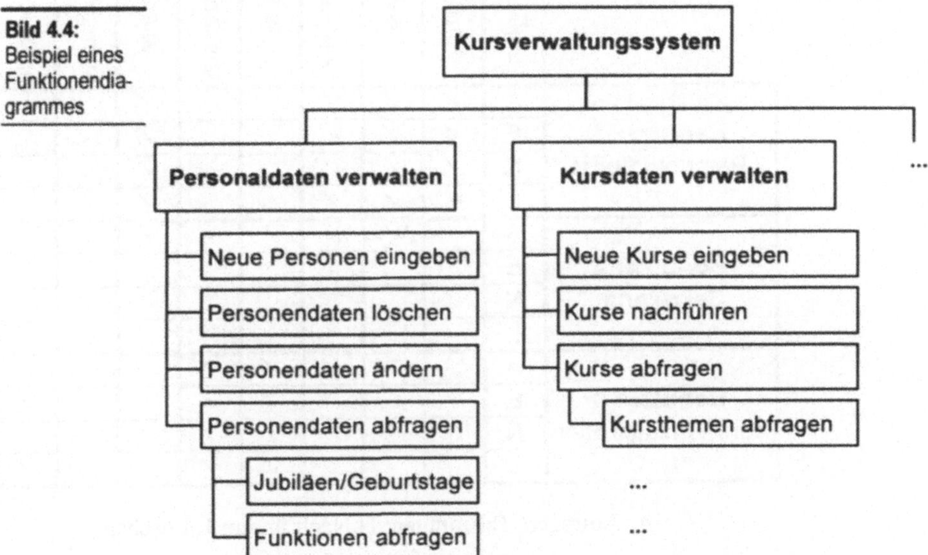

Dieses Diagramm kann später als Basis für ein Menüsystem dienen. Mit Hilfe des Entitätenblockdiagrammes und des Funktionendiagrammes werden schliesslich die Transaktionen definiert.

4.5   Zugriffsberechtigungen definieren

Nicht jeder Benutzer darf auf alle Daten der Datenbank zugreifen können. Beispielsweise hat nur die Personalabteilung Zugriff auf alle Personaldaten inklusive Salärdaten. Die Sekretärin, welche die Kursbesuche verwaltet, darf aber keine Personaldaten ändern können. Es ist ihr lediglich gestattet, allgemein zugängliche Personaldaten abzufragen. Für jeden Benutzer bzw. Benutzertyp muss genau festgehalten werden, auf welche Daten er in welcher Form zugreifen darf. Dies kann in Form einer Zugriffsmatrix erfolgen:

Bild 4.5:
Zugriffsmatrixtabelle für die Kursverwaltung

	Privilegien	Personen		Funktionen	Kurse	Kursthemen	Kursleiter	Kursbesuche	Kurskontrolle
		Lohnstufe	Rest						
Benutzer 1 Personaldienst	A	✓	✓	✓			✓		
	E	✓	✓	✓			✓		
	N	✓	✓	✓			✓		
	L	✓	✓	✓			✓	✓	✓
Benutzer 2 Sekretariat	A		✓	✓	✓	✓	✓	✓	✓
	E							✓	
	N							✓	
	L							✓	
Benutzer 3 Kursadministration	A			✓	✓	✓			✓
	E				✓	✓			✓
	N				✓	✓			✓
	L				✓	✓			✓

A: Abfragen; **E**:Einfügen; **N**:Nachführen; **L**:Löschen

In diesem Beispiel werden die Personaldaten vom Personaldienst (Benutzer 1) verwaltet. Dieser braucht aber keinen Zugriff auf die Relationen „Kurse". Hingegen hat er die Berechtigung, Kursbesuche zu löschen, weil alle Personendaten gelöscht werden müssen, sobald eine Person aus der Firma ausscheidet. Das Sekretariat hingegen verwaltet die Kursbesuche und muss ausserdem abfragen können, welche Personen und Kurse es gibt. Die Salärdaten der Personen dürfen jedoch nicht gesichtet werden. Die Kursadministration organisiert Ausbildungskurse und braucht somit den vollen Zugriff auf die Relation „Kurse".

Aus dieser Tabelle lassen sich auch potentielle Konsistenzprobleme ableiten. Die Kursverwaltung darf nur dann einen Kurs aus der Datenbank löschen, wenn es keine Personen mehr gibt, welche diesen Kurs schon besucht haben. Falls eine Person die Firma verlässt, muss diese aus der Relation „Personen" entfernt werden. Gleichzeitig müssen aber auch alle Daten gelöscht werden, welche irgendeinen Bezug zu dieser Person haben (z.B. Kursbesuche). Die Erhaltung der Datenkonsistenz ist in diesem Falle Aufgabe der Transaktionen. Transaktionen können also auch Relationen beeinflussen, auf die der Benutzer gar keinen direkten Zugriff hat. Er muss in diesem Falle aber die Berechtigung besitzen, fremde Tabellen zu manipulieren.

4.6   Datenbasis implementieren

In diesem Kapitel wird beschrieben, wie aus dem Entitätenblockdiagramm die Datenbasis programmiert werden kann. Damit dies überhaupt möglich ist, benötigen wir eine Benutzeridentifizierung (Benutzer-ID) und ein Passwort für die neue Applikation. Da wir selber DBA sind, können wir uns Beides selbst geben. Andernfalls muss man dies beim DBA anfordern. Das Einrichten neuer Benutzer ist für jedes Datenbanksystem wieder anders geregelt und muss der Dokumentation entnommen werden. Wir wählen als Benutzer-ID das Wort „Kursverwaltung" und als Passwort „Kurse". Wenn wir bei ORACLE als DBA eingestiegen sind, können wir in der SQL-Umgebung eingeben:

Bild 4.6:
Hauptbenutzer
„Kursverwaltung" im Datenbanksystem einrichten

```
GRANT RESOURCE TO Kursverwaltung
IDENTIFIED BY Kurse;
```

RESOURCE erlaubt das Erstellen, Löschen und Indizieren von Tabellen. Ausserdem darf man anderen Benutzern die Zugriffsberechtigungen für die eigenen Tabellen erteilen. Daneben gibt es noch CONNECT und DBA. Mit CONNECT darf man lediglich in die Datenbank einsteigen und Daten mutieren, aber keine Tabellen erstellen oder löschen. Mit DBA besitzt man die gleichen Rechte, wie bei RESOURCE, darf aber zusätzlich neue Benutzer einrichten. Nun müssen wir noch die drei Benutzer anmelden. Als Benutzer-ID / Passwort vergeben wir folgende Begriffe:

- Personaldienst / Geld

- Sekretariat / Kaffee

- Kursadministration / Papier

Diese geschieht wieder mit folgender SQL-Anweisung:

Bild 4.7:
Benutzer „Personaldienst"
einrichten

```
GRANT CONNECT TO Personaldienst
IDENTIFIED BY Geld;
```

Der Personaldienst erhält nun das Recht, Daten zu manipulieren und Abzufragen. Er kann aber keine Tabellen löschen oder verändern. Alle Benutzerdefinitionen sind im Anhang vorhanden. Mit dem Befehl:

Bild 4.8:
Als Benutzer
„Kursverwaltung" mit Passwort „Kurse" in
die Datenbank
einsteigen

```
CONNECT Kursverwaltung/Kurse
```

können wir als Hauptbenutzer in die neue Benutzerumgebung „Kursverwaltung" einsteigen. Hier werden nun Tabellen generiert und Zugriffsberechtigungen erteilt.

4.6.1   Tabellen generieren

Aus den Relationen der Datenbasis sind nun die entsprechenden Tabellen zu generieren. Dafür müssen alle Attribute und deren Datentyp bekannt sein. Die Wertebereiche der Attribute können an dieser Stelle normalerweise nicht programmiert werden. Je nach Datenbanksystem erfolgt die Tabellendefinition anders. Wir nehmen deshalb an, dass dieser Prozess mit dem Datendefinitionsteil von SQL erfolgen soll. Als Beispiel soll die Relation „Kursleiter" implementiert werden. Wir benötigen dazu folgende SQL-Anweisung:

Bild 4.9:
Tabelle „Kursleiter" erstellen

```
CREATE TABLE Kursleiter (
KLNr NUMBER(3) NOT NULL,
Status CHAR(1) NOT NULL,
PNr NUMBER(6) NULL,
Name CHAR(20) NOT NULL,
Vorname CHAR(20) NOT NULL,
Firma CHAR(20) NULL,
Kurserfahrung NUMBER(2) NULL);
```

Diese Syntax wird beim Datenbanksystem ORACLE verwendet. Bei anderen Datenbanken können unter Umständen gewisse Abweichungen bei den Datentypbezeichnungen auftreten.

Mit dem SQL-Befehl „CREATE TABLE" wird eine Tabelle erstellt. Für jedes Attribut dieser Tabelle muss Attributname und Datentyp angegeben werden. Zusätzlich ist zu definieren, ob das Attribut auch Nullwerte annehmen kann (NULL) oder ob ein Attributwert eingegeben werden muss (NOT NULL). ORACLE verwendet die Datentypen CHAR, NUMBER, DATE und LONG. Die Zahlen in Klammern bedeuten die Anzahl Zeichen bzw. Ziffern. Beim Typ LONG können bis zu 64 kByte Daten (z.B. eine Grafik) verwaltet werden. DATE kann das Datum und die Zeit aufnehmen. Fliesskommazahlen können in der Form NUMBER(8,2) definiert werden. Diese Notation bedeutet, dass eine Zahl max. 8 Stellen umfassen kann und dass davon 2 Stellen für die Nachkommastellen reserviert werden.

Die vollständige Datenbasisdefinition ist im Anhang vorhanden.

4.6.2   Tabellen indizieren

Das Datenmodell verlangt, dass für jede Relation ein Id-Schlüssel existiert. Dieser kann aus einem oder mehreren Attributen gebildet werden. In einem Id-Schlüssel darf ein Attributwert bzw. eine Attributwertkombination nur einmal vorkommen. Mit Hilfe der Indizierung ist es nun möglich, diese Forderung programmtechnisch sicherzustellen.

> Unter der Indizierung versteht man den Aufbau eines Verwaltungssystems für ein oder mehrere Attribute. Dieses Verwaltungssytem wird als Index bezeichnet. Es erfüllt zwei wesentliche Funktionen:
>
> - Id-Schlüsselattribute werden auf Eindeutigkeit überwacht
>
> - Die Verarbeitungsgeschwindigkeit wird erhöht, weil der Suchvorgang verkürzt wird.
>
> Um einen bestimmten Attributwert zu finden, muss nicht ein grosses Datenfile, sondern nur ein Register durchsucht werden, in welchem die Attributwerte sortiert vorliegen. Wenn der Wert gefunden wird, weis das System sofort, wo der zugehörige Datensatz auf dem Speichermedium zu finden ist.

Für uns steht zunächst die Eindeutigkeit des Id-Schlüssels im Vordergrund. Die Erstellung eines Index kann jederzeit erfolgen, auch wenn schon Daten in der Tabelle vorliegen. Mit folgender SQL-Anweisung wird ein Index für das Attribut „PNr" der Relation „Personen" erstellt:

Bild 4.10:
Id-Schlüssel
„PNr" in Tabelle
„Personen" in-
dizieren

```
CREATE UNIQUE INDEX Personenindex
ON Personen (PNr ASC);
```

UNIQUE bedeutet, dass jeder Attributwert vom Attribut PNr nur einmal vorkommen darf. ASC bedeutet, dass die Personalnummern aufsteigend sortiert werden (Absteigend: DESC). Der Index trägt den Namen „Personenindex". Das gleiche Prozedere soll nun auf die Relation „Kursbesuche" angewandt werden. Dort wird der Id-Schlüssel aus den Attributen „PNr" und „KNr" gebildet, wobei hier die Attributwertkombination eindeutig sein muss. Die SQL-Anweisung sieht folgendermassen aus:

Bild 4.11:
Zusammen-
gesetzter
Id-Schlüssel
indizieren

```
CREATE UNIQUE INDEX Kursbesuchsindex
ON Kursbesuche (PNr ASC, KNr ASC);
```

Nun gibt es aber noch den Fall, dass ein Id-Schlüssel zwar aus zwei Attributen besteht, aber nicht die Attributwertkombination, sondern jedes der beiden Attribute eindeutig sein muss. Dies passiert, wenn eine c-c Beziehung transformiert wird. In solch einer Situation müssen für eine Relation zwei Indizes erstellt werden. Noch komplizierter wird es, wenn ein Id-Schlüssel aus mehr als zwei Attributen besteht. Folgende Tabelle gibt einen Überblick über die Indizierung von Relationen, welche durch die Transformation von nicht-hierarchischen Beziehungen entstanden sind:

<table>
<tr><td rowspan="2" colspan="5">

Indizierung von Relation R3

</td></tr>
<tr></tr>
</table>

Beziehung zwischen R1 und R2	Fremdschlüsselattribut aus R2	Fremdschlüsselattribut aus R1	Anzahl Indizes für Relation R3
c-c	Indizieren	Indizieren	2
c-m	Indizieren	-	1
c-mc	Indizieren	-	1
m-m	Zusammen indizieren		1
m-mc	Zusammen indizieren		1
mc-mc	Zusammen indizieren		1

Bild 4.12: Indizierung von Tabellen, welche aus Beziehungstransformationen entstanden sind

Betrachten wir zum Schluss noch die Relation „Kursthemen". Bei dieser Relation sollen die Id-Schlüsselwerte nicht vom Benutzer, sondern vom Datenbanksystem vergeben werden. Jedes neue Tupel erhält automatisch einen Id-Schlüsselwert. In diesem Falle macht es keinen Sinn, das Attribut „TNr" mit einem Unique-Index zu versehen, denn es darf davon ausgegangen werden, dass bei der Id-Schlüsselwertvergabe keine Fehler passieren. Es könnte hier aber durchaus Sinn machen, das Attribut „Themengebiet" zu indizieren. Jedes Themengebiet darf in der Relation „Kursthemen" nämlich nur einmal vorkommen. Eine komplette Indexliste finden Sie im Anhang.

4.6.3   Zugriffsberechtigungen erteilen

Wir haben ja bereits definiert, welcher Benutzer über welche Zugriffsrechte verfügt. Nun geht es darum, diese Beschränkungen zu programmieren. ORACLE bietet hier zwei Möglichkeiten an:

- Erstellen von Pseudotabellen ("Views")

- Erteilen von Zugriffsberechtigungen auf Tabellen oder „Views"

Ein „View" ist ein Abbild einer bestehenden Tabelle, wobei gewisse Attribute ausgeblendet und die Entitätsmenge eingeschränkt werden kann. Für unsere Personentabelle könnten wir folgendes „View" generieren:

Bild 4.13: Erstellen einer Benutzersichttabelle (Pseudotabelle)

```
CREATE VIEW Chemiker AS
SELECT PNr, Name, Vorname
FROM Personen
WHERE FNr=3;
```

Damit wird eine Pseudotabelle erstellt, welche folgenden Aufbau hat und später folgende Datensätze beinhalten wird:

Chemiker

PNr	Name	Vorname
100001	Steffen	Felix
567231	Schmid	Beat
625342	Gerber	Roland

In dieser Tabelle existieren nur die Daten der Funktionsnummer 3 (Chemiker) und die Attribute „FNr" und „Lohnstufe" wurden ausgeblendet. Es handelt sich aber um eine Pseudotabelle, weil sich die richtigen Daten nach wie vor in der Tabelle „Personen" befinden. Für dieses „View" könnte man nun einem anderen Benutzer die Zugriffsrechte geben, welcher dann spezifisch die Chemikerdaten verwalten könnte.

Die Zugriffsrechte für die eigenen Tabellen oder Views können auch an andere Benutzer weitergegeben werden. Wir möchten nun als DBA dem Benutzer 2 (Sekretariat) alle Zugriffsrechte an der Tabelle „Kursbesuche" erteilen. Dies geschieht mit folgender SQL-Anweisung:


```
GRANT  SELECT,  INSERT,  UPDATE,
DELETE
ON Kursbesuche
TO Sekretariat;
```

Das Sekretariat darf in der Tabelle „Kursbesuche" nun Daten abfragen (SELECT), einfügen (INSERT), nachführen (UPDATE) und löschen (DELETE). Für die Erteilung der Zugriffsrechte auf die Personendaten müssen wir zuerst eine Pseudotabelle errichten:


```
CREATE VIEW Personen2 AS
SELECT PNr, Name, Vorname, FNr
FROM Personen;
```

Diese Pseudotabelle darf nicht den gleichen Namen besitzen, wie eine bereits existierende Tabelle. Deshalb nennen wir sie „Personen2". Nun müssen wir dem Benutzer „Sekretariat" noch den Zugriff auf unsere Pseudotabelle erlauben. Dies geschieht mit folgender SQL-Anweisung:

Bild 4.17:
Erteilung von Zugriffsberechtigungen auf eine Pseudotabelle

```
GRANT SELECT ON Personen2
TO Sekretariat;
```

Der Benutzer „Sekretariat" darf die Personaldaten nur abfragen, aber nicht verändern.

Jetzt stört nur noch der Pseodotabellenname „Personen2". Viel schöner wäre es, wenn alle Benutzer die gleichen Tabellenbezeichnungen verwenden könnten, wie der Hauptbenutzer „Kursverwaltung". Ausserdem ist für die anderen Benutzer der Zugriff auf diese Tabellen umständlich. Sie müssen nämlich neben dem Tabellenname noch die Benutzer-ID des Hauptbenutzers angeben. Hauptbenutzer ist der Benutzer „Kursverwaltung", weil ihm die Originaltabellen „gehören". Die SQL-Anweisung für die Datenabfrage der Pseudotabelle „Personen2" sieht für jeden Nicht-Hauptbenutzer so aus:

Bild 4.18:
Zugriff auf eine Fremdtabelle

```
SELECT * FROM Kursverwaltung.Personen2;
```

Man kann nun durch die Verwendung von **Synonymen** jedem Benutzer vorgaukeln, er wäre selber der Hauptbenutzer. Wenn wir dem Benutzer „Sekretariat" den Zugriff auf die Pseudotabelle „Personen2" erleichtern möchten, müssen wir zuerst als Benutzer „Sekretariat" einsteigen und folgenden SQL-Befehl eingeben:

Bild 4.19:
Synonyme einrichten

```
CREATE        SYNONYM      Personen        FOR
Kursverwaltung.Personen2;
```

Nun kann der Benutzer „Sekretariat" folgenden SQL-Befehl verwenden:

Bild 4.20:
Zugriff auf Fremdtabelle via Synonym

```
SELECT * FROM Personen;
```

Es werden somit alle Daten der Pseudotabelle „Personen2" des Benutzers „Kursverwaltung" angezeigt. Alle erteilten Zugriffsrechte bleiben unverändert bestehen. Wenn der Hauptbenutzer seine Tabellen oder „VIEWS" nicht für andere Benutzer zugänglich macht, kann auch mit Synonymen nichts erreicht werden. Zum Schluss noch eine Anleitung für die Vergabe von Zugriffsrechten:

1. Als Hauptbenutzer einsteigen.

2. Falls für Fremdbenutzer gewisse Attribute oder Tupel von Tabellen ausgeblendet werden sollen, sind Pseudotabellen zu erstellen.

3. Für jeden Fremdbenutzer sind die Zugriffsrechte auf die notwendigen Tabellen oder Pseudotabellen zu vergeben.

4. Als Fremdbenutzer einsteigen.

5. Für jede Fremdtabelle oder Pseudotabelle ist ein Synonym zu erstellen.

Im Anhang sind alle Zugriffsberechtigungen, Synonyme und Views aufgeführt.

4.7   Applikationssoftware erstellen

Die Datenbasis wurde bereits implementiert und alle Zugriffsrechte wurden definiert und vergeben. Die Tabellen enthalten aber noch keine Datensätze. Damit wir überhaupt Daten eingeben können, benötigen wir ein entsprechendes Hilfsmittel. Dieses Hilfsmittel ist der Maskengenerator, welcher die Entwicklung von benutzerdefinierten Eingabemasken unterstützt und die Verbindung zwischen dem Benutzer und der Datenbank darstellt.

4.7.1   Benutzermasken erstellen

Eine Benutzermaske hat folgende Aufgaben:

- Sie ermöglicht das komfortable Editieren und Abfragen von Daten.

- Sie trägt massgeblich zur Erhaltung der Datenkonsistenz bei, indem Benutzereingaben und Aktionen auf deren Richtigkeit hin überprüft werden.

- Sie kann komplexe Transaktionen durchführen, welche die Arbeit des Benutzers wesentlich vereinfachen.

Für das Erstellen von Benutzermasken empfiehlt sich folgende Vorgehensweise:

Die von den Benutzern gezeichneten Bildschirmmasken werden mit Hilfe des Datenmodells überarbeitet und angepasst. Dies umfasst im Wesentlichen das Einführen von Fremdschlüsselfelder, welche aus dem Normalisierungsprozess entstanden sind. Alle Felder besitzen eine bestimmte Feldbreite, welche sich aus dem Wertebereich der entsprechenden Attribute ergeben. Das Feld für die Personalnummer muss z.B. genau sechs Ziffern breit sein, weil wir früher definiert haben, dass eine Personalnummer einen Wert zwischen 100000 und 999999 haben muss. Beim Namen sind max. 20 Zeichen zulässig. Folglich muss die Feldbreite 20 Zeichen umfassen. Je nach Maskengenerator können für jeden Feldtyp (Nummer, Datum, Zeichenkette etc.) spezielle Konsistenzbedingungen definiert werden. Folgende Liste zeigt ein paar Beispiele:

- Grossschreibung gefordert

- Nullwerte sind unzulässig

- Genau n Zeichen müssen eingegeben werden

- Es sind nur Buchstaben erlaubt

Es empfiehlt sich, für jedes Fremdschlüsselfeld zusätzliche Anzeigefelder einzurichten, welche dem Benutzer für jeden eingegebenen Fremdschlüsselwert sofort die wichtigsten Daten anzeigen. Als Beispiel soll die Eingabemaske für die Kursbesuche dienen:

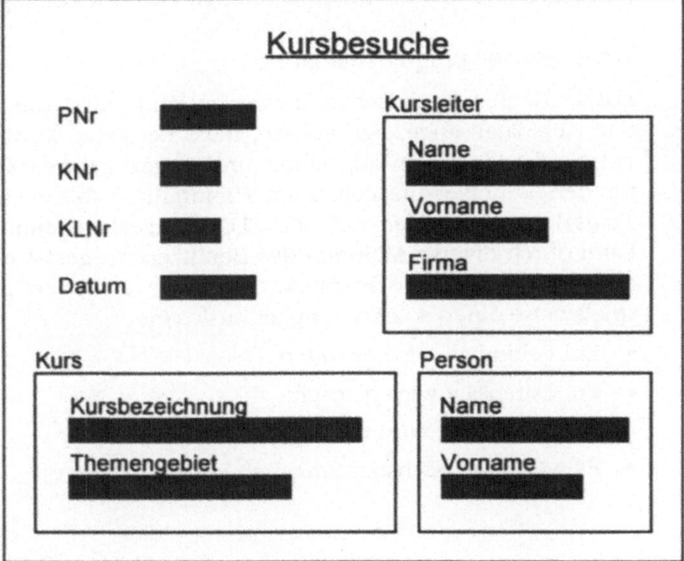

Bild 4.21: Beispiel einer fertigen Benutzermaske mit Fremdschlüsselfeldern

Bei dieser Maske gibt es die Fremdschlüsselfelder „PNr", „KNr" und
„KLNr". Dazu gehören die Personen-, Kurs- und Kursleiterdaten. Die
Maske ist mit der Tabelle „Kursbesuche" verbunden, denn alle Eingabedaten dieser Maske werden in die Tabelle „Kursbesuche" übertragen. Es werden aber gleichzeitig Daten aus den Tabellen
„Personen", „Kurse" und „Kursleiter" angezeigt. Der Benutzer hat
alle notwendigen Daten für den Kursbesuch einer Person vor Augen. Wenn alles stimmt, kann per Knopfdruck der Datensatz gespeichert werden. Falls nicht alle Eingabe- und Anzeigefelder einer
Tabelle auf einer Bildschirmseite Platz haben, muss eine übersichtli-
che und sinnvolle Anordnung auf mehreren Bildschirmseiten gefunden werden. Ein Problem kann sich für den Benutzer ergeben,
wenn er zwar die Kursbezeichnung aber nicht den zugehörigen
Id-Schlüsselwert kennt. Diesen muss er ja im Feld „KNr" eingeben.
Je nach Datenbanksystem gibt es die Möglichkeit, am Bildschirm ein
Fenster zu öffnen, welches die Tupel der Relation „Kurse" anzeigt.
Mit einem Rollbalken kann dann das entsprechende Tupel ange-
wählt werden und nach der Bestätigung des Benutzers wird der da-
zugehörige Fremdschlüsselwert direkt ins Feld „KNr" geschrieben.
Anschliessend verschwindet das Fenster wieder und der Benutzer
kann das nächste Feld bearbeiten. Wenn jedoch in der Relation
„Kurse" sehr viele Tupel existieren, muss es möglich sein, direkt
nach einem bestimmten Tupel suchen zu können, da man andernfalls mit der Rollbalkenmethode viel zu viel Zeit benötigt.

4.7.2   Transaktionen programmieren

Damit für den Fremdschlüsselwert im Feld „KNr" die entsprechenden Kursdaten angezeigt werden, muss bei jeder Wertänderung der
entsprechende Datensatz geholt und angezeigt werden. Dies läuft
für den Benutzer unsichtbar im Hintergrund ab. Solche speziellen
Transaktionen werden bei ORACLE „Trigger" genannt. Ein Trigger
kann durch diverse Aktionen des Benutzers ausgelöst werden, ohne
dass der Benutzer dies merkt. Folgende Aktionen könnten beispielsweise einen solchen Trigger auslösen:

- Ein Feldinhalt wird geändert

- Ein Datensatz wird gelöscht

- Die Löschtaste wird betätigt

- Es wird zum nächsten Eingabefeld gesprungen etc.

Trigger dienen dem Benutzerkomfort sowie der Erhaltung der Datenkonsistenz. Letztlich müssen alle Beziehungen im Datenmodell mit Hilfe von Triggern programmiert werden, sofern dies nicht schon bei der Implementation der Datenbasis erfolgen konnte. Die Programmierung von Triggern in ORACLE soll nun Anhand von drei Beispielen erläutert werden:

A. Kursdaten anzeigen für jeden neuen Wert im Feld „KNr" der Maske „Kursbesuche"

B. Implementierung der 1-mc Beziehung zwischen den Relationen „Kurse" und „Kursbesuche" beim Löschen eines Datensatzes aus der Tabelle „Kurse"

C. Implementierung der 1-m Beziehung zwischen den Relationen „Personen" und „Funktionen" beim Einfügen eines Datensatzes in die Tabelle „Personen"

Für **Beispiel A** muss für das Feld „KNr" ein „Post-Change"-Trigger gesetzt werden. Dieser Trigger wird aktiv, sobald im Feld „KNr" der Wert geändert wird. In diesem Falle muss der folgende SQL-Befehl ablaufen:

Bild 4.22:
Dynamischer
Wertebereich
für Fremd-
schlüsselat-
tribute testen

```
SELECT Kursbezeichnung, Themengebiet
INTO {Maskenfelder}
FROM Kurse, Kursthemen
WHERE Kurse.TNr=Kursthemen.TNr
AND Kurse.KNr={Feld „KNr"};
```

Mit {Maskenfelder} sind die Feldnamen in der Benutzermaske gemeint. Diese können beliebig gewählt werden. „INTO" ist kein Standardbezeichner, sondern wird bei ORACLE verwendet, um die Werte der SELECT-Anweisung in die Maskenfelder zu kopieren. Unter {Feld „KNr"} ist die Bezeichnung des Feldes „KNr" in der Benutzermaske zu verstehen. Mit diesem Trigger wird gleichzeitig die **referentielle Integrität** gewährleistet. Der Trigger findet nämlich nur dann einen Datensatz in der Tabelle „Kurse", wenn der Fremdschlüsselwert im Feld „KNr" zum dynamischen Wertebereich des Id-Schlüssels „KNr" gehört. Andernfalls meldet er einen Fehler.

Bei **Beispiel B** muss wegen der 1-mc Beziehung sichergestellt werden, dass beim Löschen eines Kurses alle assoziierten Datensätze in der Tabelle „Kursbesuche" ebenfalls gelöscht werden. Die 1-Assoziation verlangt ja, dass für jeden Datensatz der Tabelle

„Kursbesuche" genau ein Datensatz in der Tabelle „Kurse" existiert. Hier muss aber vorgängig abgeklärt werden, ob es überhaupt zulässig ist, einen Kurs zu löschen, wenn es Personen gibt, die diesen Kurs schon besucht haben. Wir nehmen an, dies sei zulässig und verwenden für diese Transaktion einen „Post-Delete"-Trigger. Dieser Trigger wird aktiv, **nachdem** ein Datensatz gelöscht worden ist. Der SQL-Befehl sieht dann so aus:

Bild 4.23:
Löschen aller Datensätze mit einem bestimmten Attributwert

```
DELETE FROM Kursbesuche
WHERE KNr={Feld „KNr"};
```

Es muss jetzt dem Trigger aber noch mitgeteilt werden, dass kein Fehler vorliegt, wenn in der Tabelle „Kursbesuche" kein Datensatz gelöscht werden konnte (mc-Assoziation). Bei der Kurskontrolle hingegen müsste dies wegen der m-Assoziation zu einer Fehlermeldung führen.

Bei **Beispiel C** muss sichergestellt werden, dass nur Funktionsnummern eingegeben werden können, welche in der Tabelle „Funktionen" auch existieren. Dies erreicht man, indem man den Benutzer zwingt, einen Funktionswert einzugeben und diesen dann mit einem Trigger wie in Beispiel A überprüft. Dieser Eingabezwang erfolgt automatisch, wenn man dies beim Feld „FNr" in der Benutzermaske so definiert ("Nullwerte nicht erlaubt").

4.7.3 Programmieraufwand

Wie schon im Theorieteil erklärt, kann es eine 100%ige Datenkonsistenz gar nicht geben. Es stellt sich also die Frage, wie gross der Programmieraufwand für die Konsistenzerhaltung sein sollte. Diese Frage kann natürlich nur qualitativ beantwortet werden und hängt in erster Linie von der Problemstellung ab. Folgende Kurve zeigt aber, wie der Programmieraufwand mit dem Konsistenzgrad generell zusammenhängt:

<table>
<tr><td>

Bild 4.24:
Zusammen-
hang zwischen
Programmier-
aufwand und
Konsistenzgrad

</td><td>

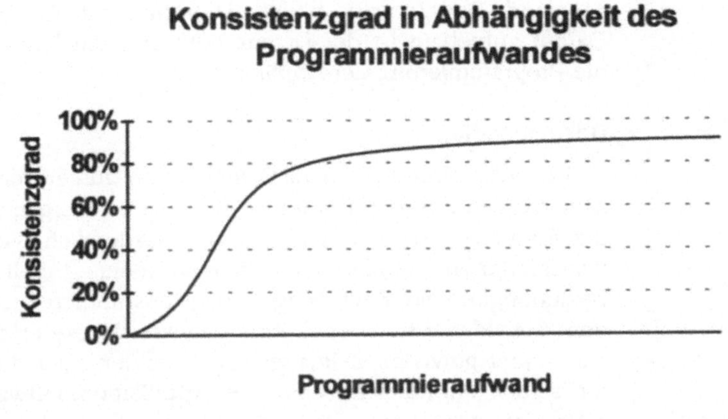

</td></tr>
</table>

Mit relativ kleinem Programmieraufwand ist schon ein recht hoher
Konsistenzgrad erreichbar. Dann jedoch muss für eine geringe Er-
höhung des Konsistenzgrades ein überproportionaler Aufwand be-
trieben werden, welcher in keinem vernünftigen Verhältnis mehr
zum Nutzen steht. Ein Konsistenzgrad von 100% (ideale Datenbank)
kann demzufolge nur mit einem unendlich grossen Programmieraufwand erreicht werden. Zum Schluss dieses Kapitels soll noch gezeigt werden, wie sich der Programmieraufwand zusammensetzt.
Dies veranschaulicht folgende Grafik:

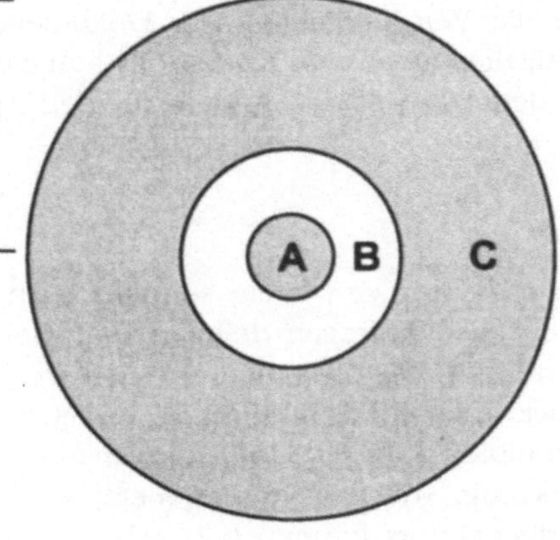

Der Flächeninhalt der einzelnen Segmente entspricht etwa dem Aufwand. Das Zentrum bildet die Implementation der Datenbasis. Darauf aufgebaut ist der Datenschutz und die letzte Schicht bildet die Programmierung der Applikation.

4.7.4   Dokumentation

Es ist leicht einsehbar, dass Datenbanken ausserordentlich kompliziert werden können. Darum ist es für spätere Ergänzungen und für die Benutzung einer Datenbank ausserordentlich wichtig, dass die verschiedenen Funktionen, Transaktionen, Tabellendefinitionen, Beziehungen und Zugriffsregelungen ausführlich beschrieben werden. Sobald die Datenbank eine gewisse Grösse erreicht hat, ist es nach einer gewissen Zeitdauer sogar für den oder die Programmierer selber enorm schwierig, die Applikationssoftware zu warten oder Erweiterungen zu programmieren. Auch der Benutzer steht recht hilflos da, wenn er Informationen aus der Datenbank abfragen möchte und nicht einmal weis, in welcher Tabelle was gespeichert ist. Es ist daher nicht nur zu beschreiben, welche Informationen eine Tabelle beinhaltet, sondern es müssen auch die einzelnen Attribute inklusive Wertebereiche dokumentiert werden. Für den Benutzer ist es auch sehr hilfreich, wenn für jede Bildschirmmaske eine „online" Hilfefunktion vorhanden ist (meist wird diese mit der Taste „F1" aktiviert) und sogar für jedes einzelne Feld automatisch ein Hilfetext angezeigt wird. Auf welche Art und Weise man ein Datensystem dokumentieren kann, wurde in den einzelnen Kapiteln bereits anhand von Beispielen gezeigt. Wichtig ist aber nicht das Erscheinungsbild, sondern die Verständlichkeit der Dokumentation. Deshalb werden grundsätzlich zwei verschiedene Dokumentationen erstellt: Eine für den Benutzer und die Andere für den Applikationsprogrammierer.

4.8   Reports entwickeln

Daten möchte man nicht nur verwalten, sondern auch auswerten. Dies geschieht, indem man Abfragen definiert und die daraus entstandenen Daten formatiert. Die formatierten Daten werden in Form von Listen ausgedruckt oder am Bildschirm angezeigt. Solche Abfragen können sehr komplex aufgebaut sein und man benötigt dafür ein geeignetes Werkzeug, welches Reportgenerator genannt wird. Mit Hilfe des Reportgenerators können beispielsweise Listen generiert werden, bei denen Spaltensummen berechnet und Überschriften und Fusszeilen erstellt werden. Wenn wir beispielsweise eine Liste der Angestellten eines Produktionsbetriebes, nach Funktionen geordnet, haben möchten, könnte diese so aussehen:

Bild 4.26: Beispiel eines vom Benutzer verlangten Reports	**Betriebspersonal nach Funktionen geordnet**			
	Funktion	**PNr.**	**Name**	**Vorname**
	Bereichsleiter	845622	Huber	Walter
		233456	Müller	Franz
	Chemiker	625342	Gerber	Roland
		567231	Schmid	Beat
		100001	Steffen	Felix
	Meister	334643	Meier	Hans
		344556	Scherrer	Daniel
	Vorarbeiter	345678	Metzger	Paul
		232452	Müller	Hugo
		132442	Osswald	Kurt
		Stand: 11.11.92		

Die Abfrage muss bei gewissen Reportgeneratoren als SQL-Befehl eingegeben werden, während bei anderen Produkten die Abfrage grafikorientiert mit Hilfe einer „Maus" erstellt werden kann.

Reports haben den Vorteil, dass sie während der Nacht als Batchjob ausgeführt werden können, wenn das Rechnersystem weniger stark belastet ist.

4.9 Menüsystem aufbauen

Sobald die Datenbank eine gewisse Grösse erreicht hat, ist es sinnvoll die verschiedenen Eingabemasken und Reports mit einem Menüsystem zu verwalten. Diese Menüsysteme haben meist einen hierarchischen Aufbau, wie dies beim Funktionenmodell schon der Fall war. Der Benutzer kann dann die gewünschte Eingabemaske oder einen Report anwählen, die Datensicherung auslösen etc. Solch ein Menüsystem könnte folgenden Aufbau haben:

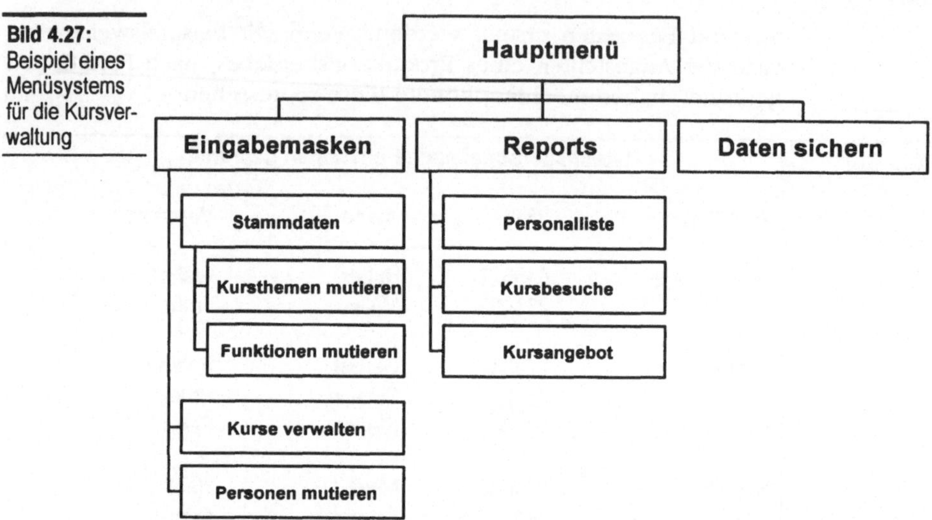

Bild 4.27:
Beispiel eines
Menüsystems
für die Kursver-
waltung

Es ist auch möglich, das gleiche Menüsystem verschiedenen Benutzern zur Verfügung zu stellen und entsprechend der Zugriffsberechtigung gewisse Funktionen zu sperren. Für einen Benutzer
würde sich das Menüsystem so präsentieren:

Bild 4.28:
Einstiegsmenü
„Kursverwal-
tung"

<u>HAUPTMENU</u>
Kursverwaltung

1. Eingabemasken
2. Reports
3. Datensicherung

Nach der Anwahl von Punkt 1 ergäbe sich folgendes Bild:

Bild 4.29:
Untermenü für
die Datenver-
waltung

<u>EINGABEMASKEN</u>

1. Stammdaten verwalten
2. Kurse verwalten
3. Personen verwalten

4.10   Benutzer schulen

Der Benutzerschulung muss grosse Bedeutung beigemessen werden. Diejenigen Benutzer, welche nicht im Projektteam mitgearbeitet haben, müssen zuerst einmal über den Sinn und Zweck der neuen Datenbankapplikation informiert werden. Die Schulung sollte nicht nur die spezifischen Funktionen beinhalten, welche der Benutzer unmittelbar für seine Arbeit benötigt, sondern es sollte auch eine Übersicht über die Tätigkeiten anderer Benutzer vermittelt werden. Dem Benutzer muss klar sein, wie sich seine Arbeit auf andere Benutzer auswirken kann. Nebst der Schulung ist auch ein verständlich geschriebenes Benutzerhandbuch abzugeben. Solche Handbücher sollten möglichst von Personen geschrieben werden, welche im Projektteam dabei waren und im Arbeitsumfeld des Benutzers tätig sind. Datenbankspezialisten neigen dazu, fachspezifische Fremdwörter zu verwenden, welche die Benutzer unter Umständen nicht verstehen.

4.11   Weitere Entwicklungsmethoden

Beim bisher beschriebenen Verfahren wurden alle Entwicklungsarbeiten nur von einer Person ausgeführt. Bei kleineren Datenbankapplikationen funktioniert dies auch ganz gut. Sobald aber mehrere Programmierer an der selben Applikation arbeiten, müssen diese Arbeiten koordiniert werden. Dies bedingt einen zusätzlichen administrativen Aufwand. Es gibt aber Werkzeuge, die sogenannten CASE-Methoden, welche sowohl die Koordination grosser Projekte als auch die Entwicklung der Datenbanksoftware unterstützen. „CASE" steht für Computer Aided Software Engineering und bedeutet rechnerunterstützte Softwareentwicklung. Dazu gehören:

- **Projektverwaltung:** Alle Arbeiten werden von einer zentralen Datenbank verwaltet. Jeder Programmierer kennt den aktuellen Stand der Datenbankentwicklung und kann auf der Arbeit anderer Programmierer oder Analytiker aufbauen.

- **Datenbankdesign:** Das Erstellen von Datenmodellen, Funktionsdiagrammen, Benutzermasken und Reports wird grafisch unterstützt. Der Analytiker kann Entitätsmengen, Beziehungen, Wertebereiche und Transaktionen definieren. Die Dokumentation wird automatisch erstellt.

- **Progammgenerierung:** Aus allen Daten des Datenbankdesigns werden durch die CASE-Software schliesslich lauffähige Programme erzeugt, welche mit traditionellen Softwareentwicklungsmethoden weiter bearbeitet werden können. Ausserdem wird automatisch ein Menüsystem generiert.

Mit CASE können Datenbanken zu mindestens 80% erstellt werden. Der Rest umfasst spezielle Transaktionen, sowie die Entwicklung von Schnittstellenprogrammen zu anderen Datenbanken oder Rechnersystemen.

4.12 Fragen und Aufgaben zu Kapitel 4

4.1. Was versteht man unter der referentiellen Integrität?

4.2. Wie können gewisse Attribute einer Relation für andere Benutzer gesperrt werden?

4.3. Welche Aufgaben hat die Indizierung von Attributen?

4.4. Für was sind Synonyme zu gebrauchen?

4.5. Wie hoch ist der Programmieraufwand, um ein ideales Datenbanksystem zu verwirklichen?

4.6. Was sind Transaktionen?

4.7. Welche Möglichkeiten gibt es, um Daten abzufragen?

4.8. Wann sind CASE-Methoden besonders empfehlenswert?

5   Der Datenbankbetrieb

In diesem Kapitel wird beschrieben, welche Arbeiten für den Betrieb einer Datenbank wichtig sind und welche Aufgaben der Datenbank-Administrator (DBA) hat. Bei grossen Datenbanken müssen diese Aufgaben aber auf mehrere Personen übertragen werden, weil das anfallende Arbeitsvolumen nicht mehr nur von einem DBA bewältigt werden kann.

5.1   Aufgaben des DBA

Die Aufgaben des DBA während der Aufbauphase einer Datenbank (siehe Kapitel 4) unterscheiden sich grundlegend von der Betriebsphase. Bei den konzeptionellen Arbeiten werden Intuition, Flexibilität und Kommunikationsfähigkeiten gefordert. Beim Datenbankbetrieb hingegen steht die Erhaltung der Datenintegrität im Vordergrund. Dort wird vom DBA Koordinationsfähigkeit, Verständnis für die Geschäftsabläufe und Überblick über den Datenbankbetrieb verlangt. Bei Datenbankänderungen muss gewährleistete werden, dass das Konzept eingehalten wird und dass bestehende Konsistenzbedingungen nicht übergangen werden. Im Gegensatz zu einem Datenbanktechniker, welcher die Datenbanksoftware gut kennt, ist der DBA eine Person, welche die Applikationssoftware und die Geschäftsabläufe sehr gut versteht.

Es ist insbesonders bei mittleren und grossen Datenbankapplikationen üblich, dass es mehrere DBA's gibt, welche verschiedene Aufgaben übernehmen. Es wäre natürlich ideal, wenn der DBA für die Datenbankbetreuung auch bei der Datenbankentwicklung mitgewirkt hätte. In der Praxis ist dies jedoch nur selten der Fall (Kündigungen, Versetzungen, neue Projekte etc.).

5.1.1   Systembetreuung und -überwachung

Wenn die Datenbank den produktiven Betrieb aufgenommen hat, ergeben sich für den DBA folgende Tätigkeiten:

- Nachführen der Datenbank-Dokumentation mit Datenkatalog und Verwendungsnachweis für die Daten. Diese Aufgaben werden von moderneren Systemen systematisch unterstützt, indem der Datenkatalog (data dictionary) durch das Datenbanksystem oder ein zusätzliches Hilfssystem automatisch nachgeführt wird.

- Überwachen von Betriebsstatistiken, welche das Zugriffszeitverhalten und den Platzbedarf betreffen. Mit Hilfe solcher Statistiken können Systemüberlastungen oder Speicherverknappungen frühzeitig erkannt werden. Auch diese Funktionen werden von Dienstprogrammen unterstützt, die sich auf Informationen abstützen, welche im Datenkatalog laufend gesammelt werden. Für eine wirksame Überwachung schutzbedürftiger Daten sind präzise Angaben über deren erfolgte oder versuchte Verwendung notwendig. In diesem Zusammenhang ergeben insbesondere auch Protokolle über erfolglose Zugriffe (z.B. mit falschen Passwörtern) wertvolle Hinweise auf allfällige Missbräuche.

- Zugänglichmachen der Datenbank für neue Benutzer. Das kann durch die Definition geeigneter externer Schemata geschehen, womit der Bereich der zugänglichen Daten klar geregelt wird. Dem Benutzer sind aber auch die notwendigen Hilfsmittel (Applikationsprogramme oder Abfragesprachen) zur Verfügung zu stellen.

- Verwaltung und Zuteilung von Zugriffsbefugnistabellen, Passwörtern und ähnlichen Datenintegritätsmassnahmen.

- Verwaltung und Zuteilung betrieblicher Ordnungsbegriffe (Numerierungssysteme) wie Abteilungsnummern, Artikelnummern usw. Diese letztere Aufgabe betrifft den DBA natürlich nicht im Einzelfall, sondern nur bezüglich der Systematik solcher Ordnungsbegriffe. Schlechte Numerierungssysteme, wo etwa die gleiche Nummer nach gewisser Zeit einer anderen Entität neu zugeteilt werden kann, können die Funktionsfähigkeit von Datenbanken wesentlich beeinträchtigen.

5.1.2   Systemänderungen

Auch nach abgeschlossener Systeminstallation werden an den Datenbank-Administrator hohe Anforderungen bezüglich Systemüberblick, Kenntnis der Anwendungen und Verständnis für die Auswirkung datenorganisatorischer Massnahmen gefordert. Ein Datenbanksystem, das zehn und mehr Jahre im Einsatz steht, muss anpassungsfähig bleiben, weil äussere Bedürfnisse und technische Rahmenbedingungen ändern können. Systemänderungen erfordern von allen Ausführenden, vor allem aber vom dafür verantwonlichen DBA Präzision und Sorgfalt. Zur Erhaltung einer sauberen Systemarchitektur müssen eigene Wünsche und Ideen oft zurückgestellt werden.

Ein paar der wichtigsten Aufgaben in diesem Zusammenhang sind:

- Nachführung der Systembeschreibung, immer angefangen bei der konzeptionellen Ebene (konzeptionelles Schema).

- Planung und Koordination der notwendigen Hardware: Datenbanken haben die Tendenz, mit der Zeit zu wachsen, was entsprechende Speichermedien bedingt.

- Koordination des Softwareunterhalts: Haben Änderungen des Betriebssystems Auswirkungen auf die Datenbanksoftware? Sind Datenbank-Updates mit den laufenden Applikationen noch verträglich?.

- Erweiterung des konzeptionellen Schemas: Nicht alle neuen Anwendungen lassen sich bloss mit neuen Anwenderprogrammen realisieren. In gewissen Fällen muss das konzeptionelle Schema erweitert (in besonders unangenehmen Fällen sogar abgeändert) werden. Obwohl verschiedene moderne Datenbanksysteme solche Schemamodifikationen mehr oder weniger stark unterstützen, dürfen wir uns hier keinen Illusionen hingeben. Während bei Kleinsystemen (Pilotstudien, Prototypen) solche Änderungen im Sinne der Entwicklungsarbeiten liegen können, ist jede Änderung von Gross-Systemen eine kritische Angelegenheit, weil ja nicht nur das System, sondern auch alle betroffenen Daten mitgeändert werden müssen.

- Projektleitung bei Systemänderungen: Der DBA hat grössere Änderungsaufgaben nicht immer selber auszuführen, er kann dafür Mitarbeiter erhalten. Seine besondere Aufgabe bleibt aber die Koordination, damit die Datenbank nicht als Ganzes durch Modifikationen gefährdet wird.

Der Betrieb grosser Datensysteme ist auf Dauer ausgerichtet. Aber so wie sich die Welt und mit ihr die Anwendung entwickelt, so muss auch der stabilste Teil von Datenverarbeitungssystemen, nämlich die Datenbank, eine gewisse Entwicklungsfähigkeit aufweisen. Diese beruht auf sauberen logischen Entwurfskonzepten.

6   Einführung in SQL

In diesem Kapitel werden die Grundlagen der Datenbanksprache „SQL" (Structured Query Language) vermittelt. Diese Sprache wird von vielen Datenbanksystemen (z.B. ORACLE, DBase IV, Microsoft Access usw.) unterstützt und gewinnt gerade auch für Client/Server-Applikationen zunehmend an Bedeutung. Sie ermöglicht dem Benutzer das Kommunizieren mit dem eigentlichen Datenbanksystem und das Abfragen, Manipulieren und Sichern von Daten. SQL wurde vom American National Standard Institut (ANSI) als Standardsprache für relationale Datenbanken erklärt. Allerdings haben viele Datenbankhersteller den Sprachumfang für ihre eigenen Systeme erweitert, wodurch die Kompatibilität mit anderen Datenbanksystemen nicht 100%ig gewährleistet ist. Darum wird in diesem Kapitel nur das ANSI-SQL behandelt, auf welchem grundsätzlich alle anderen Sprachimplementationen aufgebaut sein sollten. Im Gegensatz zu konventionellen Programmiersprachen wie C, Cobol oder Pascal muss man bei SQL nicht angeben, wie die Daten zu verarbeiten sind (prozedurenorientiert), sondern mit welchen Daten man arbeiten möchte (datenorientiert). SQL wird deshalb auch als Sprache der 4. Generation bezeichnet, während Pascal der 3. Generation angehört.

Gewisse Funktionen (Tabellendefinition, Indizierung, Datenschutz) von SQL wurden bereits im Kapitel 4 besprochen. Das Schwergewicht in diesem Kapitel liegt bei der Datenabfrage. Alle Beispiele beziehen sich auf die Tabellen des Beispiels „Kursverwaltung" (Kapitel 3), welche sich im Anhang A befinden. Ausdrücke, welche bei den SQL-Anweisungen in eckigen Klammern stehen, sind optional, d.h. sie können auch weggelassen werden. Bei Ausdrücken, welche in geschweiften Klammern stehen und durch einen senkrechten Strich „ | " verbunden sind, kann nur einer dieser Ausdrücke auf einmal verwendet werden.

6.1   Datendefinition

Das Fundament eines Datenbanksystems wird durch die Datenbasis gebildet. Diese wiederum besteht aus verschiedenen Tabellen mit unterschiedlichen Attributen. Es muss jederzeit möglich sein, neue Tabellen (Relationen) zu erstellen und bestehende Tabellen mit neuen Attributen zu erweitern bzw. bestehende Attribute zu verändern, auch wenn schon Datensätze abgespeichert wurden. Dies ist Aufgabe des Datendefinitionsteils von SQL.

6.1.1   Tabellen erstellen

Eine neue Tabelle wird mit dem Befehl „CREATE TABLE" erstellt, welcher folgenden Aufbau besitzt:

```
CREATE TABLE Tabellenname (
Attributname_1 Datentyp [NOT NULL],
Attributname_2 Datentyp [NOT NULL],
Attributname_n Datentyp [NOT NULL] );
```

Beispiel: CREATE TABLE Kursleiter (
        KLNr NUMBER(3) NOT NULL,
        Status CHAR(1) NOT NULL,
        PNr NUMBER(6) NULL,
        Name CHAR(20) NOT NULL,
        Vorname CHAR(15) NOT NULL,
        Firma CHAR(20) NULL);

„NOT NULL" gibt an, dass ein Attribut keine Nullwerte als Attributwert haben darf, während dies bei „NULL" erlaubt ist. Es sind folgende Datentypen erlaubt:

CHAR(n) :   Alphanumerische Felder mit einer Feldlänge von n Zeichen.

DATE :   Felder für das Datum und die Zeit, wobei das Datumformat je nach Datenbank anders aussieht.

NUMBER(m,n) :   Numerische Felder, wobei m die max. Anzahl aller Ziffern und n die Anzahl der Ziffern nach dem Dezimalpunkt angibt. Auch hier ergeben sich je nach Datenbanksystem Unterschiede.

Je nach Datenbanksystem sind noch andere Datentypen zulässig, z.B. ein Typ „LONG", um Grafiken mit einer Grösse bis zu 64 kByte abzuspeichern. Bei gewissen Datenbanksystemen kann bei der Tabellendefinition auch gleich angegeben werden, in welchen Fremdtabellen der Id-Schlüssel als Fremdschlüssel verwendet wird. Das System überprüft dann automatisch die Zugehörigkeit jedes neuen Fremdschlüsselwertes zum dynamischen Wertebereich des entsprechenden Id-Schlüssels (referentielle Integrität).

6.1.2   Tabellen ändern

Für den Fall, dass eine bestehende Tabelle noch mit weiteren Attributen ergänzt werden soll oder bestehende Attribute geändert werden müssen, kann dies mit dem Befehl „ALTER TABLE" erreicht werden:

Neue Attribute einfügen:

```
ALTER TABLE Tabellenname ADD
( Neuer_Attributname Datentyp [NOT NULL], ... );
```

Beispiel: ALTER TABLE Personen ADD
                     (Lohnstufe NUMBER(1) NOT NULL);

Sofern eine Tabelle mit einem zusätzlichen „NOT NULL"-Attribut erweitert werden soll, in der sich schon Daten befinden, wird SQL eine Fehlermeldung ausgeben. Es würden sonst nämlich allen Datensätzen auf einen Schlag Nullwerte aufgezwungen. Dies können wir verhindern, indem „NOT NULL" weggelassen wird. Anschliessend müssen alle bestehenden Datensätze mit dem entsprechenden Attributwert versehen werden und schliesslich kann die Tabelle mit dem Befehl „ALTER TABLE ... MODIFY" geändert werden.

Bestehende Attribute ändern:

```
ALTER TABLE Tabellenname MODIFY
( Bestehendes_Attribut neuer_Datentyp [NOT NULL], ... );
```

Beispiel: ALTER TABLE Personal MODIFY
                      (Lohnstufe NUMBER(2) NULL);

Hier gilt es zu beachten, dass die Spaltenbreite (abhängig vom Datentyp) nur dann reduziert werden darf, wenn alle Attributwerte von bereits existierenden Datensätzen noch dargestellt werden können. Ein Attribut „Name" mit dem Wert „Müller" muss mindestens sechs Zeichen breit sein (CHAR(6)), weil der Name „Müller" aus sechs Zeichen besteht.

6.1.3 Tabellen indizieren

Bei der Tabellenindizierung geht es hauptsächlich darum, die Eindeutigkeit von Identifikationsschlüsseln zu gewährleisten (siehe Kapitel 4.6.2). Das Indizieren von Nichtschlüssel-Attributen ist dann sinnvoll, wenn damit der Datenzugriff beschleunigt werden kann.

Beispiel: Die Tabelle „Kursbesuche" habe folgenden Aufbau:

Kursbesuche (PNr, KNr, Datum);

Der Idendifikationsschlüssel wird aus den Attributen „PNr" (Personalnummer) und „KNr" (Kursnummer) gebildet. Somit sollte folgender Tabellenindex eingerichtet werden:

```
CREATE UNIQUE INDEX Kursbesuche ON
Kursbesuche (PNr, KNr);
```

Vor jedem Einfügen eines neuen Datensatzes bzw. Nachführen eines bestehenden Datensatzes überprüft das Datenbankverwaltungssystem automatisch, ob die Attributwertkombination „PNr, KNr" noch eindeutig ist. Falls dies nicht der Fall ist, wird die laufende Transaktion mit einer Fehlermeldung abgebrochen.

Wenn nun oft Abfragen getätigt werden, welche nach dem Datum in der Tabelle „Kursbesuche" fragen, ist es angebracht, das Attribut „Datum" folgenderweise zu indizieren:

```
CREATE INDEX Kursdatum ON
Kursbesuche (Datum);
```

Es wurde nun ein Index mit Namen „Kursdatum" auf das Attribut „Datum" eingerichtet, welcher mehrere gleiche Datumswerte akzeptiert. Dies ist deshalb so, weil das Schlüsselwort „UNIQUE" nicht verwendet wurde. Die Indizierung führt dazu, dass sich das Datenbanksystem „merkt", an welchen physikalischen Stellen auf dem Datenträger (Festplatte, Disk) sich Datensätze mit dem Attribut „Datum" der Tabelle „Kursbesuche" befinden. Dazu werden alle Datumswerte sortiert und zusammen mit den Speicheradressen in einer eigenen Datei abgelegt. Wenn nun nach einem bestimmtem Datum gefragt wird, muss nur diese Datei durchsucht werden. Sobald der Wert gefunden wird, weiss das System auch, wo sich die entsprechenden Datensätze befinden.

Weil die Indizierung einen gewissen Verwaltungsaufwand mit sich bringt, lohnt sie sich nur für Tabellen mit mindestens 12 Datensätzen (Richtwert).

6.2   Datenmanipulation

Bis jetzt können wir zwar Tabellen erstellen, aber noch keine Datensätze abspeichern, nachführen oder löschen. Für diese Operationen benötigen wir neue SQL-Schlüsselwörter.

6.2.1   Datensätze (Tupel) einfügen

Das Einfügen eines neuen Datensatzes in eine Tabelle erfolgt mit dem Befehl „INSERT":

```
INSERT INTO Tabellenname [ ( Attribut1, Attribut2 ... ) ]
VALUES ( Attributwert1, Attributwert2, ... );
```

Mit der Attributliste wird angegeben, in welche Attribute eines neuen Datensatzes Attributwerte eingegeben werden sollen. Die Reihenfolge der Attributwerte muss mit der Reihenfolge der Attributnamen übereinstimmen. Falls keine Attributliste angegeben wird, muss die Reihenfolge der Attributwerte der Reihenfolge der Attribute bei der Tabellendefinition entsprechen. Alle „NOT NULL"-Attribute müssen Attributwerte annehmen.

Beispiel:

```
INSERT INTO Kursleiter (KLNr, Status, Vorname, Name, Kurserfahrung)
VALUES (1, 'I', 'Hugo', 'Meier', 3);
```

In die Tabelle „Kursleiter" wird somit ein interner Kursleiter mit Namen „Meier Hugo" und 3 Jahren Kurserfahrung aufgenommen, welcher die Identnummer 1 erhält. Der Firmenname und die Personennummer müssen nicht angegeben werden, weil die Attribute „Firma" und „PNr" Nullwerte zulassen.

Die INSERT-Anweisung kann zusätzlich mit einer Abfrage kombiniert werden:

> **INSERT INTO** Tabellenname **[(Attributliste)]**
> Abfrage;

Beispiel:

```
INSERT INTO Kursleiter (KLNr, PNr, Name, Vorname, Status)
SELECT 5, PNr, Name, Vorname, 'I'
FROM Personen
WHERE PNr=345678;
```

Mit dieser Anweisung wird in der Tabelle „Kursbesuche" ein neuer, interner Kursleiter gespeichert, welcher die Identnummer 5 bekommt und bereits in der Tabelle „Personen" die Personennummer „345678" besitzt. Die Attribute bei der Abfrage können andere Bezeichnungen haben, als die Attribute beim INSERT. Lediglich die Datentypen müssen zueinander kompatibel sein. Der Aufbau einer Abfrage wird im Kapitel 6.3 noch detailliert behandelt.

6.2.2   Datensätze (Tupel) nachführen

Das Nachführen (Update) bestehender Datensätze erfolgt mit der Anweisung „UPDATE":

> **UPDATE** Tabellenname
> **SET** Attribut1 = Ausdruck1, Ausdruck2 = Ausdruck3, ...
> **[WHERE** Bedingung für Update **];**

Es muss der Tabellenname und die zu ändernden Attribute angegeben werden. Mit „Ausdruck" ist ein Attributwert oder eine Berechnung gemeint. Mit dem Bedingungsteil (WHERE) kann angegeben werden, welche Datensätze in der Tabelle geändert werden sollen. Falls keine Bedingung angegeben wird, werden alle Datensätze der Tabelle nachgeführt.

Beispiel: UPDATE Personen
                       SET Lohnstufe = Lohnstufe + 1
                       WHERE FNr = 4;

Mit dieser Anweisung werden die Lohnstufen aller Personen der Funktionsgruppe 4 um eine Stufe erhöht. Wie bei der „INSERT"-Anweisung kann auch die „UPDATE"-Anweisung mit einer Abfrage kombiniert werden:

```
UPDATE Tabellenname
SET ( Attribut1, Attribut2, ... ) = ( Abfrage )
[ WHERE Bedingung für Update ];
```

Beispiel: UPDATE Kursbesuche
                       SET (KlNr) = (SELECT KlNr
                                         FROM Kursleiter
                                         WHERE Name = 'Krieg'
                                         AND Vorname = 'Stefan')
                       WHERE KNr = 412;

Mit dieser Anweisung werden alle Datensätze der Tabelle „Kursbesuche" mit der Kursnummer 412 dahingehend geändert, dass als Instruktor nun der Krieg Stefan auftritt.

6.2.3   Datensätze (Tupel) löschen

Das Löschen von Datensätzen geschieht mit dem Befehl „DELETE":

```
DELETE FROM Tabellenname
[ WHERE Bedingung für Delete ];
```

Beispiel: DELETE FROM Kursbesuche
                       WHERE PNr = 100001;

Mit diesem Befehl werden alle Datensätze aus der Tabelle „Kursbesuche" gelöscht, welche die Personalnummer 100001 enthalten. Wenn der Bedingungsteil (WHERE) weggelassen wird, werden alle Datensätze der Tabelle gelöscht.

6.3 Datenabfrage (Query)

Es wurde bereits zu Beginn dieses Kapitels erwähnt, dass SQL keine prozedurale- sondern eine datenorientierte Programmiersprache ist. Der SQL-Benutzer muss nicht wissen, wie man im Einzelnen auf die gespeicherten Daten zugreift, sondern er muss lediglich angeben, mit welchen Daten er arbeiten möchte und welche Bedingungen diese Daten erfüllen müssen. Eingeleitet wird eine Datenabfrage immer mit dem Schlüsselwort „SELECT". Eine Datenabfrage kann aus folgenden Schlüsselworten bestehen:

```
SELECT [DISTINCT] {*|Attributliste|mathematische Ausdrücke} Bezeichner
FROM Tabelle1 Bezeichner1, Tabelle2 Bezeichner2, ...
[WHERE Bedingungen]
[GROUP BY Attributliste] [HAVING Bedingungen]
[ORDER BY Attributliste] [ASC|DESC];
```

Mit „SELECT" kann angegeben werden, welche Attribute angezeigt werden sollen und wie diese allenfalls in Berechnungen und Funktionen einzusetzen sind. Falls „DISTINCT" verwendet wird, werden mehrfach auftretende, identische Datensätze nur einmal angezeigt.

Mit „FROM" wird angegeben, aus welchen Tabellen Datensätze abgefragt bzw. zu neuen Datensätzen kombiniert werden.

Mit „WHERE" wird angegeben, welche Bedingungen ein Datensatz erfüllen muss, damit er weiterverarbeitet wird.

Mit „GROUP BY" können Datensätze zu Gruppen zusammengefasst und mit speziellen Gruppenfunktionen weiterverarbeitet werden. „HAVING" gibt an, welche Bedingungen eine Gruppe aus Datensätzen erfüllen muss, damit sie weiterverwendet wird.

Mit „ORDER BY" können die resultierenden Datensätze vor der Ausgabe nach bestimmten Attributen auf- bzw. absteigend ("ASC" oder „DESC")sortiert werden.

6.3.1 Einfache Abfragen

Die einfachste Datenabfrage mit SQL sieht folgenderweise aus:

```
SELECT *
FROM Tabellenname;
```

Damit werden alle Datensätze einer Tabelle mit den entsprechenden Attributnamen aufgelistet.

Beispiel: SELECT *
FROM Kursthemen;

Ausgabe:

```
    TNr   Themengebiet
------------------------------------------------------
      1   Sicherheit und Umweltschutz
      2   Führung und Zusammenarbeit
      3   PC-Kurse
      4   Arbeitstechnik
      5   Projekte
      6   Schulung
```

Die Attributbezeichnung (Spaltenname) entspricht genau dem Text, welcher bei der Tabellendefinition mit „CREATE TABLE" verwendet wurde. Wir können nun angeben, welche Attribute wie angezeigt werden sollen und sogar Berechnungen mit diesen Attributen durchführen.

Beispiel:

```
SELECT PNr, Name, Vorname, (Lohnstufe-1)*10000+50000 Salaer
FROM Personen;
```

Ausgabe:

```
PNr            Name            Vorname         Salaer
--------------------------------------------------------------
100001         Steffen         Felix           90000
232452         Müller          Hugo            50000
334643         Meier           Hans            90000
567231         Schmid          Beat            80000
345727         Steiner         René            90000
233456         Müller          Franz           110000
132442         Osswald         Kurt            60000
345678         Metzger         Paul            50000
344556         Scherrer        Daniel          80000
845622         Huber           Walter          120000
625342         Gerber          Roland          80000
```

An diesem Beispiel ist ersichtlich, dass man jedem Attribut für die Ausgabe einen eigenen Namen geben kann (Salaer statt dem Formelausdruck). Hätten wir auf das Wort „Salaer" im SELECT-Teil verzichtet, so wäre die ganze Formel als Spaltenname angezeigt worden. Es gibt für Berechnungen diverse Funktionen. Einige der wichtigsten Funktionen werden bei folgendem Beispiel eingesetzt:

Beispiel:

```
SELECT COUNT(*) Anzahl, MIN(Datum) Erster, MAX(Datum) Letzter
FROM Kursbesuche;
```

Ausgabe:

Anzahl	Erster	Letzter
14	07-AUG-90	25-AUG-92

Die Funktionen COUNT, MIN und MAX sind sogenannte Gruppenfunktionen welche in diesem Beispiel auf alle Datensätze der Tabelle „Kursbesuche" angewendet wurden. Die Funktion „COUNT" zählt alle Datensätze (wenn ein * angegeben wird) oder alle Attributwerte ohne Nullwerte (wenn ein Attribut angegeben wird) und gibt die entsprechende Zahl aus. In diesem Beispiel hat die Tabelle „Kursbesuche" 14 Datensätze (siehe Anhang A). Die Funktionen MIN und MAX ermiteln den Minimum- bzw. Maximumwert aus einer Wertefolge. Wie in diesem Beispiel ersichtlich, lassen sich diese Funktionen auch auf Attribute vom Datumstyp anwenden.

Es gibt nun Fälle, in denen gleiche Werte mehrmals vorkommen. Beispielsweise kommen in der Tabelle „Kursbesuche" beim Attribut „KNr" gewisse Kursnummern mehrmals vor. Wenn wir nun wissen möchten, wieviele verschiedene Kurse unterrichtet wurden, muss die Anweisung DISTINCT verwendet werden:

Beispiel:
```
SELECT COUNT(DISTINCT KNr) Verschiedene_Kurse
FROM Kursbesuche;
```

Ausgabe:

Verschiedene_Kurse
7

Mit „DISTINCT KNr" werden nur Kursnummern ausgegeben, wenn sie das erste Mal vorkommen. Folglich kann die Funktion „COUNT" auch nur diese Werte zählen. DISTINCT lässt sich aber auch auf ganze Datensätze anwenden und listet dann nur Datensätze auf, welche sich in mindestens einem Attributwert unterscheiden.

6.3.2   Abfragen mit Bedingungen

Meistens möchte man nicht alle Datensätze einer Tabelle anzeigen lassen, sondern ein Auswahl treffen. Dies ist mit dem Schlüsselwort „WHERE" möglich:

Beispiel:

```
SELECT PNr, Name, Vorname
FROM Personen
WHERE FNr = 1;
```

Ausgabe:

PNr	Name	Vorname
232452	Müller	Hugo
132442	Osswald	Kurt
345678	Metzger	Paul

Hier werden nun nur diejenigen Personen aufgelistet, welche die Funktionsnummer 1 besitzen.   Mit den Schlüsselwörtern AND (logisches UND), OR (logisches ODER) und NOT (Negation) können weitere Bedingungen konstruiert werden:

Beispiel:

```
SELECT PNr, Name, Vorname
FROM Personen
WHERE Lohnstufe >= 5
AND (FNr = 2 OR FNr = 3)
AND NOT (Name = 'Steffen');
```

Ausgabe:

PNr	Name	Vorname
334643	Meier	Hans

In diesem Beispiel sollten alle Personen der Funktionsgruppe 2 oder 3 mit Ausnahme von Herrn Steffen aufgelistet werden, welche mindestens die Lohnstufe 5 besitzen. Jeder einzelne Datensatz muss alle Bedingungen erfüllen, um weiterverarbeitet bzw. angezeigt zu werden. Statt „NOT(...)" hätten wir auch Name<>'Steffen' schreiben können. Die runden Klammern um den OR-Teil sind notwendig, weil das AND stärker bindet, als das OR. Ohne diese Klammern würden Personen aufgelistet, welche eine Lohnstufe grösser oder gleich 5 und die Funktionsnummer 2 besitzen oder der Funktionsgruppe 3 angehören und nicht Steffen heissen. Dies hätte dann folgende Ausgabe zur Folge gehabt:

Ausgabe (ohne Klammern):

PNr	Name	Vorname
334643	Meier	Hans
567231	Schmid	Beat
625342	Gerber	Roland

Es sind folgende logische Operatoren zulässig:

= : Test auf Gleichheit

> : Grösser als ...

< : Kleiner als ...

>= : Grösser oder Gleich

<= : Kleiner oder Gleich

<> : Ungleich (entspricht NOT (... = ...))

Nebst diesen Operatoren sind im WHERE-Teil auch bestimmte Funktionen wie ABS, welche den Absolutwert einer Zahl bildet, sowie Berechnungen erlaubt. Gruppenfunktionen sind aber nicht zulässig, weil sie sich nur auf Datensatzgruppen beziehen.

6.3.3 Datensätze sortieren

Um die Lesbarkeit einer Tabelle zu erhöhen, ist es häufig sinnvoll, die einzelnen Datensätze nach bestimmten Kriterien zu sortieren. Auch SQL bietet diese Möglichkeit mit dem Schlüsselwort „ORDER BY":

Beispiel: SELECT *
                     FROM Funktionen
                     ORDER BY Funktion;

Ausgabe:

```
        FNr        Funktion
        -------    -----------------------
        4          Bereichsleiter
        3          Chemiker
        5          Informatiker
        2          Meister
        1          Vorarbeiter
```

Bei diesem Beispiel wurden die Funktionsbezeichnungen alphabetisch, aufsteigend geordnet. Wir können nun die Funktionsliste auch nach Nummern absteigend sortieren. Dafür müssen wir beim Schlüsselwort „ORDER BY" noch die Sortierfolge angeben:

Beispiel: SELECT *
                     FROM Funktionen
                     ORDER BY FNr DESC;

Ausgabe:

```
        FNr        Funktion
        -------    -----------------------
        5          Informatiker
        4          Bereichsleiter
        3          Chemiker
        2          Meister
        1          Vorarbeiter
```

Das Schlüsselwort „DESC" (descending) bewirkt, dass absteigend sortiert wird. Das Gegenstück (aufsteigend sortieren) zu DESC bildet das Schlüsselwort ASC (ascending), welches ohne Angabe bei „ORDER BY" voreingestellt ist. Es ist aber auch möglich, nach der „ORDER BY"-Anweisung mehrere Attribute anzugeben. In diesem Falle werden die Datensätze zuerst nach dem letzten Attribut der Liste sortiert. Danach werden alle Datensätze nach dem zweitletzten Attribut in der „ORDER BY"-Liste sortiert usw.:

Beispiel: SELECT PNr, KNr, Datum
                   FROM Kursbesuche
                   ORDER BY PNr ASC, KNr ASC, Datum DESC;

Ausgabe:

PNr	KNr	Datum
100001	245	23-JUN-92
100001	255	21-JUL-92
100001	412	07-AUG-90
100001	454	12-JAN-91
132442	454	17-SEP-91
232452	454	17-SEP-91
334643	412	07-AUG-90
344556	412	10-JUN-91
345678	123	25-AUG-92
345678	123	03-FEB-91
345678	454	17-SEP-91
345678	776	15-APR-92
625342	255	21-JUL-92
845622	345	11-NOV-91

Die Tabelle „Kursbesuche" wurde zuerst nach dem Kursdatum absteigend sortiert. Anschliessend wurde die ganze Tabelle aufsteigend nach der Kursnummer und zum Schluss aufsteigend nach der Personennummer sortiert. Die Datensätze der Person Nr. 345678 liegen nun nach der Personennummer, der Kursnummer und dem Kursdatum sortiert vor und entsprechen der Reihenfolge der Sortierattribute im „ORDER BY"-Teil.

6.3.4 Datensätze gruppieren

Es wurde bereits gesagt, dass es Funktionen gibt, welche sich auf Datensatzgruppen beziehen. Dazu gehören die Funktionen COUNT, MIN, MAX sowie SUM und AVG. SUM bildet die Summe der Attributwerte, während AVG den Mittelwert berechnet. Weil sich diese Funktionen auf Datensatzgruppen beziehen, geben sie pro gebildeter Gruppe genau einen Wert zurück. Eingeleitet wird die Gruppierung durch das Schlüsselwort „GROUP BY":

Beispiel:
```
SELECT FNr, COUNT(FNr) Anzahl,
       AVG((Lohnstufe-1)*10000+50000) DSalaer
FROM Personen
GROUP BY FNr
ORDER BY FNr DESC;
```

Ausgabe:

```
FNr          Anzahl    DSalaer
-----        --------  --------
  5          1         90000
  4          2         115000
  3          3         83333.3
  2          2         85000
  1          3         53333.3
```

Bei diesem Beispiel werden die Datensätze der Tabelle „Personen" bezüglich der Funktionsnummer gruppiert. Die Funktion „COUNT(FNr)" gibt an, aus wievielen Datensätzen jede Gruppe besteht, während die Funktion „AVG" den Mittelwert über alle berechneten Salärdaten pro Gruppe bildet. Mit „ORDER BY" werden die Gruppendaten bezüglich der Funktionsnummer absteigend sortiert.

In Verbindung mit dem Schlüsselwort „GROUP BY" gibt es noch das Schlüsselwort „HAVING", welches das Definieren von Gruppenbedingungen ermöglicht. Im Gegensatz zu „WHERE" werden die mit „HAVING" angegebenen Bedingungen nicht auf einzelne Datensätze, sondern auf Datensatzgruppen angewendet:

Beispiel:
```
SELECT PNr, COUNT(KNr) Anzahl
FROM Kursbesuche
WHERE Datum >= '01-SEP-91'
GROUP BY PNr
HAVING COUNT(KNr) >1;
```

Ausgabe:

```
PNr          Anzahl
--------     --------
100001       2
345678       3
```

Bei dieser Abfrage werden alle Personen angezeigt, welche seit dem 1. September 1991 mehr als einen Kurs besucht haben. Mit der WHERE-Bedingung werden alle Datensätze mit einem Kursdatum vor dem 1. September 1991 verworfen. Danach werden die verbleibenden Datensätze nach der Personalnummer gruppiert. Schliesslich werden alle Datensatzgruppen, welche die HAVING-Bedingung nicht erfüllen, ebenfalls verworfen. Nach „HAVING" muss immer eine Gruppenfunktion stehen, da sich „HAVING" ja auf Datensatzgruppen und nicht auf einzelne Datensätze bezieht.

6.3.5   Verschachtelte Abfragen (Subqueries)

Häufig tritt der Fall auf, dass Abfragen auf dem Ergebnis vorgängiger Abfragen aufbauen. Wenn wir beispielsweise wissen möchten, welche Kurse Herr Steffen schon besucht hat, dann war dies bisher nicht möglich, weil die Kursbezeichnung nur in der Tabelle „Kurse", nicht aber in der Tabelle „Kursbesuche" zu finden ist. Ausserdem erhalten wir die Kursnummern von Herrn Steffen nur, wenn uns seine Personennummer bekannt ist. Folglich muss mit einer ersten Abfrage ermittelt werden, welche Personennummer Herr Steffen hat. Mit dieser Personennummer können in einer zweiten Abfrage alle Kursnummern ermittelt werden, welche zu Herrn Steffen gehören. Die letzte Abfrage baut dann auf der zweiten Abfrage auf, indem aus der Tabelle „Kurse" alle Kursbezeichnungen aufgelistet werden, deren Kursnummern aus der zweiten Abfrage resultieren:

Beispiel:

```
SELECT KNr, Kursbezeichnung
FROM Kurse
WHERE KNr IN ( SELECT KNr
         FROM Kursbesuche
         WHERE PNr = (     SELECT PNr
            FROM Personen
            WHERE Name = 'Steffen'
            AND Vorname = 'Felix' ))
ORDER BY Kursbezeichnung;
```

Ausgabe:

KNr	Kursbezeichnung
255	Datenbanken
454	Elektrostatische Aufladung
245	Kostenschätzung
412	Tabellenkalkulation

Verschachtelte Abfragen werden immer von unten nach oben abgearbeitet. Zuerst wird die Personennummer von Felix Steffen bestimmt. Diese Abfrage liefert genau einen Wert zurück. Darum darf bei nächst höheren Abfrage im Bedingungsteil ein Gleichheitszeichen stehen. Das Attribut im „WHERE"-Teil könnte auch einen anderen Namen als das Attribut im „SELECT"-Teil der untergeordneten Abfrage haben. Die Datentypen der beiden Attribute müssen hingegen miteinander verträglich sein. Mit der ermittelten Personennummer liefert die mittlere Abfrage alle entsprechenden Kursnummern aus der Tabelle „Kursbesuche". Weil dies mehrere Werte sein können, muss statt dem Gleichheitszeichen das Schlüsselwort „IN" im Bedingungsteil der obersten Abfrage verwendet werden. Mit „IN" wird für jeden Datensatz der Tabelle „Kurse" abgeklärt, ob dessen Kursnummer in der zurückgelieferten Kursnummernliste zu finden ist. Wenn dies der Fall ist, wird der Datensatz weiterverarbeitet bzw. angezeigt.

"ORDER BY" kann bei den Unterabfragen nicht eingesetzt werden. Hingegen sind „GROUP BY" und „HAVING" erlaubt. Folgendes Beispiel zeigt, dass es auch möglich ist, verschachtelte Abfragen mit nur einer Tabelle zu realisieren:

Beispiel:
```
SELECT FNr, Name, Vorname, Lohnstufe
FROM Personen
WHERE (FNr, Lohnstufe) IN (   SELECT FNr,
          MAX(Lohnstufe)
          FROM Personen
          GROUP BY FNr)
ORDER BY FNr DESC, Name ASC;
```

Ausgabe:

FNr	Name	Vorname	Lohnstufe
5	Steiner	René	5
4	Huber	Walter	8
3	Steffen	Felix	5
2	Meier	Hans	5
1	Osswald	Kurt	2

Mit dieser Abfrage werden die Spitzenverdiener jeder Funktionsgruppe aufgelistet, sofern die Attributwertkombination „FNr / Lohnstufe" in der Werteliste der Unterabfrage vorkommt. Die Unterabfrage liefert die höchste Lohnstufe jeder Funktionsgruppe. Es können also nicht nur einzelne Attribute, sondern auch Attributwertkombinationen miteinander verglichen werden. Weil es in einer Funktionsgruppe aber auch Personen geben kann, welche gleich viel verdienen, muss das Schlüsselwort „IN" anstelle von „=" verwendet werden. Die „ORDER BY"-Anweisung bewirkt, dass die Datensätze zuerst absteigend nach der Funktionsnummer aufgelistet werden. Falls in einer Funktionsgruppe mehrere Personen vorkommen, werden diese noch aufsteigend nach dem Namen geordnet.

6.3.6   Tabellen verknüpfen (Joining)

Bisher konnten wir nur die Attribute einer einzigen Tabelle anzeigen. Meistens möchte man aber in einer Liste Attribute von verschiedenen Tabellen darstellen. Dies ist durch das Verknüpfen von Tabellen möglich. Folgende Abfrage verknüpft die Tabellen „Personen" und „Funktionen":

Beispiel: SELECT *
                   FROM Funktionen, Personen;

Ausgabe:

FNr	Funktion	PNr	Name	Vorname	FNr	Lohnstufe
1	Vorarbeiter	100001	Steffen	Felix	3	5
2	Meister	100001	Steffen	Felix	3	5
3	Chemiker	100001	Steffen	Felix	3	5
4	Bereichsleiter	100001	Steffen	Felix	3	5
5	Informatiker	100001	Steffen	Felix	3	5
1	Vorarbeiter	232452	Müller	Hugo	1	1
2	Meister	232452	Müller	Hugo	1	1
3	Chemiker	232452	Müller	Hugo	1	1
4	Bereichsleiter	232452	Müller	Hugo	1	1
5	Informatiker	232452	Müller	Hugo	1	1
1	Vorarbeiter	334643	Meier	Hans	2	5
...	...	...	...	...	...	...

Das Verknüpfen von Tabellen geschieht einfach dadurch, dass alle Tabellennamen bei der „FROM"-Anweisung angegeben werden. Wir sehen anhand dieser Liste, dass die Verknüpfung von Tabellen dazu führt, dass jeder Datensatz einer Tabelle A mit jedem Datensatz einer Tabelle B kombiniert und daraus ein neuer Datensatz mit allen beteiligten Attributen gebildet wird.

Bei diesem Beispiel werden 11 Datensätze aus der Tabelle „Personen" mit 5 Datensätzen aus der Tabelle „Funktionen" kombiniert, woraus sich 11 * 5 = 55 neue Datensätze ergeben. Uns interessieren nun aber nur diejenigen Kombinationen, bei welchen die Funktionsnummer aus der Tabelle „Personen" mit der Funktionsnummer aus der Tabelle „Funktionen" übereinstimmt. Dann erhalten wir nämlich alle Personen mit deren Funktion. Folglich müssen wir die SQL-Anweisung folgenderweise abändern:

Beispiel:

```
SELECT PNr, Name, Vorname, Funktion
FROM Personen, Funktionen
WHERE Personen.FNr = Funktionen.FNr;
```

Ausgabe:

PNr	Name	Vorname	Funktion
232452	Müller	Hugo	Vorarbeiter
132442	Osswald	Kurt	Vorarbeiter
345678	Metzger	Paul	Vorarbeiter
334643	Meier	Hans	Meister
344556	Scherrer	Daniel	Meister
100001	Steffen	Felix	Chemiker
625342	Gerber	Roland	Chemiker
567231	Schmid	Beat	Chemiker
233456	Müller	Franz	Bereichsleiter
845622	Huber	Walter	Bereichsleiter
345727	Steiner	René	Informatiker

Es ist hier zu beachten, dass sowohl in der Tabelle „Personen" als auch in der Tabelle „Funktionen" das Attribut „FNr" vorkommt. In der Tabelle „Funktionen" ist FNr ein Id-Schlüssel, während es in der Tabelle „Personen" ein Fremdschlüsselattribut darstellt. Damit nun SQL weiss, welches Attribut aus welcher Tabelle gemeint ist, muss dem Attributnamen der entsprechende Tabellenname, gefolgt von einem Punkt, vorangestellt werden.

Mit der Technik der Tabellenverknüpfung können nun auch anspruchsvolle Abfragen getätigt werden. Beispielsweise sollen alle Personen aufgelistet werden, welche gemäss Kurskontrolle noch mehr als drei Kurse zu besuchen haben:

Beispiel:

```
SELECT PNr, Name, Vorname, COUNT(KNr) Anzahl
FROM Kurskontrolle A, Personen B
WHERE (PNr, KNr) NOT IN (SELECT PNr, KNr
     FROM Kursbesuche)
AND A.FNr = B.FNr
GROUP BY PNr, Name, Vorname
HAVING COUNT(KNr)>3
ORDER BY PNr;
```

Ausgabe:

```
PNr      Name       Vorname      Anzahl
-------- ---------  -------------  ---------
100001   Steffen    Felix  6
233456   Müller     Franz  6
334643   Meier      Hans   5
344556   Scherrer   Daniel 5
567231   Schmid     Beat   10
625342   Gerber     Roland 9
845622   Huber      Walter 5
```

Im „GROUP BY"-Teil müssen wir alle Attributnamen hinschreiben,
welche im SELECT-Teil nicht in eine Gruppenfunktion eingebettet
werden, wobei das Hauptgruppenattribut unmittelbar auf die
„GROUP BY"-Anweisung folgen muss. Bei diesem Beispiel wurden
sogenannte Referenznamen verwendet. Attribute mit unklarer Her-
kunft müssen ja mit vorangestelltem Tabellenname für SQL identifiziert werden. Bei langen Tabellennamen beeintächtigt dies jedoch
die Übersichtlichkeit und es ist eine zusätzliche Tipparbeit notwendig. Wir können nun aber im FROM-Teil nach jedem Tabellennamen einen kurzen Bezeichner (z.B. A, B, C etc.) hinschreiben und
uns später auf diesen neuen Namen beziehen. Im letzten SQL-Bei-
spiel wurde für die Tabelle „Personen" der Bezeichner „B" vergeben. Somit konnten wir im WHERE-Teil statt Personen.FNr einfach
B.FNr hinschreiben. Dies ist auch im SELECT, GROUP BY, HAVING
und ORDER BY-Teil erlaubt.

7   Lösungen zu den Aufgaben

Kapitel 2:

2.1.   siehe Kapitel 2.1

2.2.   Die wichtigsten Werkzeuge sind: Datenbanksprache, Maskengenerator, Reportgenerator, Menügenerator und Precompiler als Schnittstelle zu den konventionellen Programmiersprachen wie Pascal und C.

2.3.   Datendefinition, Datenmanipulation, Datenabfrage und Datenschutz.

2.4.   Sie sind flexibel gegenüber Änderungen der Datenstruktur.

Kapitel 3:

3.1.   Sie soll Daten so strukturieren, dass sie redundanzfrei vorliegen und somit die Datenkonsistenz gewährleistet werden kann.

3.2.   Die Entitätsmenge beinhaltet alle zu den Merkmalen einer Entität gehörenden Werte. Sie entspricht allen gespeicherten Datensätzen einer Tabelle.

3.3.   siehe Kapitel 3.1.1

3.4.   Einfache (1)-, konditionelle (c)-, multiple (m)- und multipel-konditionelle (mc) Assoziationen.

3.5.   Es gibt 16 verschiedene Beziehungen, wovon 6 spiegel-
bildlich sind. Folglich existieren 10 unterschiedliche Beziehungen: 1-1, 1-c, 1-m, 1-mc, c-c, c-m, c-mc, m-m, m-
mc, mc-mc.

3.6.   Ein Primärschlüssel muss nicht zwingenderweise eindeutige Attributwerte besitzen.

3.7.   Ein Fremdschlüssel kann nur diejenigen Attributwerte annehmen, welche der entsprechende Identifikationsschlüssel schon besitzt. Der Fremdschlüssel besitzt somit einen
dynamischen Wertebereich.

3.8.   Es müssen alle nicht-hierarchischen Beziehungen transformiert werden. Es sind dies alle Beziehungen, in denen
keine 1-Assoziation vorkommt: c-c, c-m, c-mc, m-m, m-
mc, mc-mc.

3.9.   Jeder der beiden Fremdschlüssel kann alleine den Identschlüssel der neu entstandenen Relation bilden. Die durch
die Transformation entstandene Relation besitzt im Prinzip
zwei Identschlüssel.

3.10.

Entitätsmenge 1	Entitätsmenge 2	Typ	Beziehung
Linke Hände	Rechte Hände	1-1	Paare
Politiker	Ministerien	1-c	Minister
Länder	Einwohner	1-m	Staatszugehörigkeit, ohne Doppelbürgerschaft
Themen	Bücher	1-mc	Klassierung in einer Bibliothek
Männer	Frauen	c-c	Verheiratet
Personen	Kleidungsstücke	c-m	Tragen
Familien	Kinder	c-mc	Adoption im Waisenheim
Personen	Versicherungs-gesellschaften	m-m	Versicherungen
Personen	Vereine	m-mc	Mitgliedschaft
Männer	Frauen	mc-mc	Alimente

3.11.

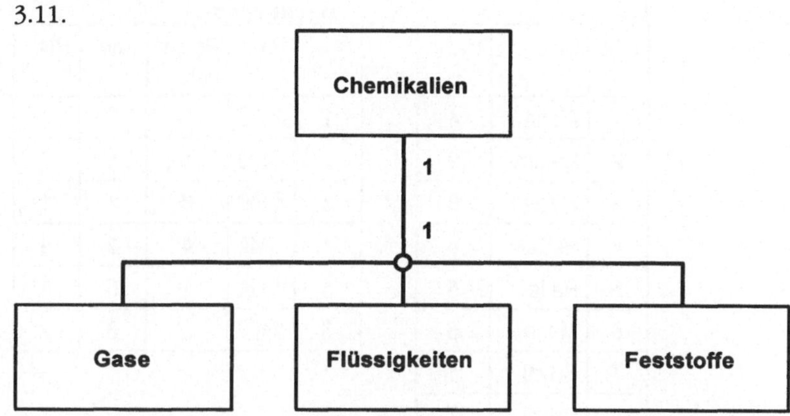

3.12.   Es existiert eine „m-1" Beziehung, sofern jeder Politiker einer Partei angehören muss. Andernfalls wäre es eine „m-c" Beziehung.

3.13.   Global normalisierte Datenbasis

Kunden

KNr	Name	Vorname	Adresse	Ort
1	Meier	Max	Feldweg 5	Buckten
2	Müller	Hugo	Saturnweg 7	Laufen
3	Müller	Hugo	Flühstr. 12	Reinach
4	Schmid	Beat	Hauptstr. 13	Aesch
5	Steffen	Felix	Heuboden 2	Pratteln

Reiseziele

RZNr	Reiseziel
1	Birmingham
2	Caracas
3	Frankfurt
4	Hawai
5	Ibiza
6	Rio
7	St. Domingo

Hotels

HNr	Hotel	RZNr
1	Aloha	4
2	Central	2
3	Hilton	6
4	Pallas	6
5	Perle	5
6	Mango	5
7	Royal	1
8	Royal	7
9	Tropica	3

Buchungen

BNr	Preis	Personen	KNr	HNr
1	2450	2	2	3
2	450	1	1	7
3	4450	3	4	1
4	840	4	2	9
5	1820	1	5	8
6	2400	2	3	2

Flüge

FNr
AF210
AF212
AF320
AF512
AV555
BA123
BA212
BA321
CR101
DA110
SR212
SR220
SR420
VI113

Hinflüge

BNr	FNr	HFDat	HFZeit
1	SR220	12.3.93	7.15
2	BA212	23.4.93	8.20
2	SR420	23.4.93	9.30
3	SR212	25.5.93	12.40
4	BA123	12.3.93	12.10
5	AF320	24.5.93	8.15
5	AF512	24.5.93	17.20
6	AV555	12.4.93	10.00
6	VI113	12.4.93	22.30

Rückflüge

BNr	FNr	RFDat	RFZeit
1	BA321	15.3.93	12.10
2	SR212	28.4.93	12.30
3	DA110	12.4.93	21.10
4	AF210	4.6.93	9.30
4	AF212	4.6.93	18.20
4	CR101	5.6.93	7.20

Entitätenblockdiagramm zu 3.13:

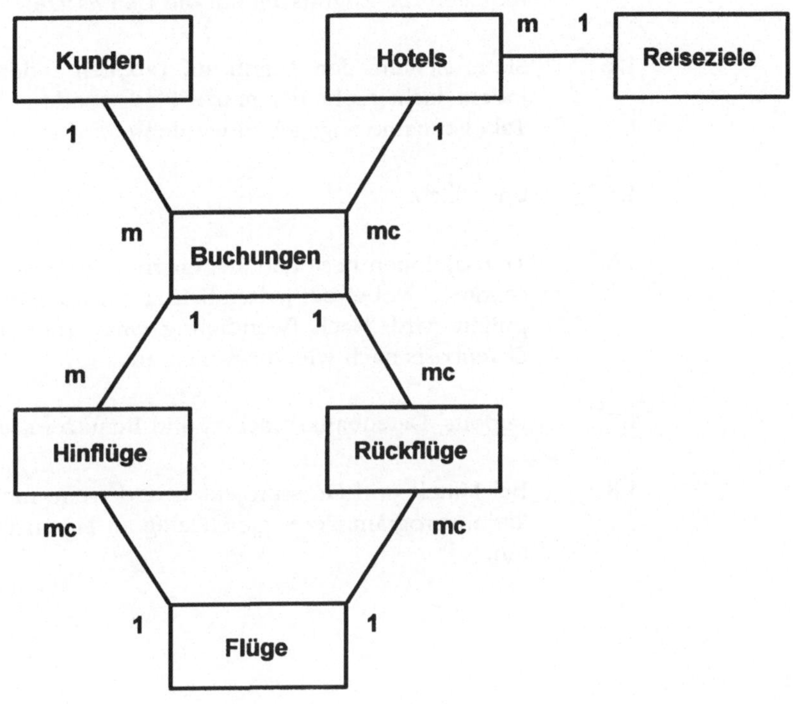

3.14.   siehe Kapitel 3.5

Kapitel 4:

4.1.   Referentielle Integrität bedeutet, dass ein Fremdschlüssel nur solche Attributwerte annehmen darf, welche der entsprechende Identifikationsschlüssel schon besitzt.

4.2.   Dies ist möglich, wenn man eine Pseudotabelle (View) mit den allgemein zugänglichen Attributen erstellt, welche sich auf die Originaltabelle bezieht. Der Benutzer erhält dann nur das Zugriffsrecht auf diese Pseudotabelle.

<table>
<tr><td>4.3.</td><td>Sie gewährleistet die Einmaligkeit der Attributwerte und reduziert die Zugriffszeit auf die Datensätze.</td></tr>
<tr><td>4.4.</td><td>Sie erleichtern den Zugriff auf Tabellen anderer Benutzer, indem nicht mehr der ganze Pfad, sondern lediglich der Tabellenname angegeben werden muss.</td></tr>
<tr><td>4.5.</td><td>unendlich.</td></tr>
<tr><td>4.6.</td><td>Transaktionen bestehen aus einem oder mehreren Ablaufschritten, wobei bei jedem Schritt ein Datenbestand manipuliert wird. Nach Beendigung einer Transaktion ist die Datenbasis nach wie vor Konsistent.</td></tr>
<tr><td>4.7.</td><td>Reports, Datenbanksprachen und Benutzermasken.</td></tr>
<tr><td>4.8.</td><td>Bei Mittel- und Grossprojekten und wenn mehrere Applikationsprogrammierer gleichzeitig an einem Projekt arbeiten.</td></tr>
</table>

ANHANG

Mustertabellen zur Kursverwaltung

Die folgenden Mustertabellen beziehen sich auf die optimale Normalform des Musterbeispiels „Kursverwaltung" in Kapitel 3 und 4 und werden als Beispiele im Kapitel 6 verwendet.

PERSONEN

PNr	Name	Vorname	FNr	Lohn-stufe
100001	Steffen	Felix	3	5
232452	Müller	Hugo	1	1
334643	Meier	Hans	2	5
567231	Schmid	Beat	3	4
345727	Steiner	René	5	5
233456	Müller	Franz	4	7
132442	Osswald	Kurt	1	2
345678	Metzger	Paul	1	1
344556	Scherrer	Daniel	2	4
845622	Huber	Walter	4	8
625342	Gerber	Roland	3	4

FUNKTIONEN

FNr	Funktion
1	Vorarbeiter
2	Meister
3	Chemiker
4	Bereichsleiter
5	Informatiker

KURSE

KNr	Kursbezeichnung	Kursort	TNr
123	Arbeitshygiene	2510.EG.25	1
562	Führen einer Gruppe	1010.4.08	2
234	Präsentationstechnik	1010.4.08	4
341	Textverarbeitung	2015.1.10	3
245	Kostenschätzung	1010.2.05	5
412	Tabellenkalkulation	2015.1.10	3
454	Elektrostatische Aufladung	4001.EG.20	1
255	Datenbanken	2015.2.05	3
455	Terminplanung	1010.4.08	5
345	Schwierige Gespräche führen	1010.2.05	2
283	Abfallentsorgung	4001.EG.20	1
776	Wartung von Anlagen	1010.2.05	4

KURSTHEMEN

TNr	Themengebiet
1	Sicherheit und Umweltschutz
2	Führung und Zusammenarbeit
3	PC-Kurse
4	Arbeitstechnik
5	Projekte
6	Schulung

KURSBESUCHE

PNr	KNr	KlNr	Datum
100001	245	4	23-JUN-92
100001	412	2	07-AUG-90
100001	454	7	12-JAN-91
345678	123	6	03-FEB-91
345678	776	3	15-APR-92
344556	412	2	10-JUN-91
334643	412	2	07-AUG-90
625342	255	1	21-JUL-92
845622	345	8	11-NOV-91
100001	255	1	21-JUL-92
232452	454	7	17-SEP-91
132442	454	7	17-SEP-91
345678	454	7	17-SEP-91
345678	123	4	25-AUG-92

KURSKONTROLLE

FNr	KNr
1	123
2	123
3	123
4	123
2	562
3	562
4	562
3	234
5	234
3	341
3	245
4	245
2	412
3	412
1	454
2	454
3	454
4	454
3	255
3	455
4	455
4	345
1	283
2	283
3	283
1	776
2	776
5	245

KURSLEITER

KlNr	S	PNr	Name	Vorname	Firma	KErf
1	I	345727	Steiner	René		3
3	I	232452	Müller	Hugo		1
4	I	233456	Müller	Franz		4
2	E		Suter	Rolf	GigaSoft	
5	E		Vogt	Peter	Quasar	
6	I	845622	Huber	Walter		3
7	E		Krieg	Stefan	Funkenflug	
8	E		Freundlich	Andreas	Harmonie	

B   Datenbasis einrichten

Die nachstehenden SQL- Anweisungen werden bei der Datenbank ORACLE verwendet. Bei anderen Datenbanken können sich Abweichungen ergeben. Die Reihenfolge der Titel entspricht der Reihenfolge bei der Datenbankentwicklung.

B1   Benutzer einrichten

Benutzer einrichten kann nur der DBA oder ein Benutzer mit DBA-Privilegien.

Kursverwaltung (Hauptbenutzer):	GRANT RESOURCE TO Kursverwaltung IDENTIFIED BY Kurse;
Personaldienst:	GRANT CONNECT TO Personaldienst IDENTIFIED BY Geld;
Sekretariat:	GRANT CONNECT TO Sekretariat IDENTIFIED BY Kaffee;
Kursadministration:	GRANT CONNECT TO Kursadministration IDENTIFIED BY Papier;

B2   Tabellen definieren

Die folgenden Definitionen beziehen sich auf den Hauptbenutzer „Kursverwaltung".

Personaltabelle

```
CREATE TABLE Personen
(PNr NUMBER(6) NOT NULL,
Name CHAR(20) NOT NULL,
Vorname CHAR(15) NOT NULL,
FNr NUMBER(2) NOT NULL,
Lohnstufe NUMBER(1) NOT NULL);
```

Funktionstabelle

```
CREATE TABLE Funktionen
(FNr NUMBER(2) NOT NULL,
Funktion CHAR(25) NOT NULL);
```

Kurstabelle

```
CREATE TABLE Kurse
(KNr NUMBER(3) NOT NULL,
Kursbezeichnung CHAR(40) NOT NULL,
Kursort CHAR(10) NOT NULL,
TNr NUMBER(2) NOT NULL);
```

Kursthementabelle	CREATE TABLE Kursthemen (TNr NUMBER(2) NOT NULL, Themengebiet CHAR(40) NOT NULL);
Kursbesuchstabelle	CREATE TABLE Kursbesuche (PNr NUMBER(6) NOT NULL, KNr NUMBER(3) NOT NULL, KLNr NUMBER(3) NOT NULL, Datum DATE NOT NULL);
Kursleitertabelle	CREATE TABLE Kursleiter (KLNr NUMBER(3) NOT NULL, Status CHAR(1) NOT NULL, PNr NUMBER(6) NULL, Name CHAR(20) NOT NULL, Vorname CHAR(15) NOT NULL, Firma CHAR(20) NULL, Kurserfahrung NUMBER(2) NULL);
Kurskontrolltabelle	CREATE TABLE Kurskontrolle (KNr NUMBER(3) NOT NULL, FNr NUMBER(2) NOT NULL);

B3   "Views" (Ansichten) definieren

Die folgende Definition bezieht sich auf den Benutzer „Kursverwaltung". Das „Views" hingegen wird benötigt, um die Basisdaten für den Benutzer „Sekretariat" zu filtern, wie dies im Kapitel 4 beschrieben wurde.

```
CREATE VIEW Personen2 AS
SELECT PNr, Name, Vorname, FNr
FROM Personen;
```

B4   Zugriffsberechtigungen erteilen

Die folgenden Berechtigungen werden gemäss Zugriffsmatrix (Kapitel 4.5) vom Benutzer „Kursverwaltung" vergeben. Privilegien: SELECT=Abfragen, INSERT=Einfügen, UPDATE=Nachführen und DELETE=Löschen von Datensätzen.

Privilegiert	SQL- Anweisung
Personaldienst	GRANT SELECT, INSERT, UPDATE, DELETE ON Personen TO Personaldienst; GRANT SELECT, INSERT, UPDATE, DELETE ON Funktionen TO Personaldienst; GRANT SELECT, INSERT, UPDATE, DELETE ON Kursleiter TO Personaldienst; GRANT DELETE ON Kursbesuche TO Personaldienst; GRANT DELETE ON Kurskontrolle TO Personaldienst;
Sekretariat	GRANT SELECT ON Personen2 TO Sekretariat; GRANT SELECT ON Funktionen TO Sekretariat; GRANT SELECT ON Kurse TO Sekretariat; GRANT SELECT ON Kursthemen TO Sekretariat; GRANT SELECT ON Kursleiter TO Sekretariat; GRANT SELECT, INSERT, UPDATE, DELETE ON Kursbesuche TO Sekretariat; GRANT SELECT ON Kurskontrolle TO Sekretariat;

Kursadministration	GRANT SELECT ON Funktionen TO Kursadministration; GRANT SELECT, INSERT, UPDATE, DELETE ON Kurse TO Kursadministration; GRANT SELECT, INSERT, UPDATE, DELETE ON Kursthemen TO Kursadministration; GRANT SELECT, INSERT, UPDATE, DELETE ON Kurskontrollen TO Kursadministration;

B5   Synonyme vergeben

Synonyme für den vereinfachten Zugriff auf die Tabellen und „Views" des Hauptbenutzers müssen bei den jeweiligen Benutzern eingerichtet werden.

Benutzer	SQL- Anweisung
Personaldienst	CREATE SYNONYM Personen FOR Kursverwaltung.Personen;
	CREATE SYNONYM Funktionen FOR Kursverwaltung.Funktionen;
	CREATE SYNONYM Kursleiter FOR Kursverwaltung.Kursleiter;
	CREATE SYNONYM Kursbesuche FOR Kursverwaltung.Kursbesuche;
	CREATE SYNONYM Kurskontrolle FOR Kursverwaltung.Kurskontrolle;
Sekretariat	CREATE SYNONYM Personen FOR Kursverwaltung.Personen2;
	CREATE SYNONYM Funktionen FOR Kursverwaltung.Funktionen;
	CREATE SYNONYM Kurse FOR Kursverwaltung.Kurse;
	CREATE SYNONYM Kursthemen FOR Kursverwaltung.Kursthemen;
	CREATE SYNONYM Kursleiter FOR Kursverwaltung.Kursleiter;
	CREATE SYNONYM Kursbesuche FOR Kursverwaltung.Kursbesuche;
	CREATE SYNONYM Kurskontrolle FOR Kursverwaltung.Kurskontrolle;

Kursadministration	CREATE SYNONYM Funktionen FOR Kursverwaltung.Funktionen;
	CREATE SYNONYM Kurse FOR Kursverwaltung.Kurse;
	CREATE SYNONYM Kursthemen FOR Kursverwaltung.Kursthemen;
	CREATE SYNONYM Kurskontrolle FOR Kursverwaltung.Kurskontrolle;

B6   Indizes definieren

Die folgenden Definitionen beziehen sich auf den Hauptbenutzer
„Kursverwaltung".

Personaltabelle	CREATE UNIQUE INDEX Personen ON Personen (PNr);
Funktionstabelle	CREATE UNIQUE INDEX Funktionen ON Funktionen (Funktion);
Kurstabelle	CREATE UNIQUE INDEX Kurse ON Kurse (KNr);
Kursthementabelle	CREATE UNIQUE INDEX Kursthemen ON Kursthemen (Themengebiet);
Kursbesuchstabelle	CREATE UNIQUE INDEX Kursbesuche ON Kursbesuche (PNr, KNr, KLNr);
Kursleitertabelle	CREATE UNIQUE INDEX Kursleiter ON Kursleiter (KLNr);
Kurskontrolltabelle	CREATE UNIQUE INDEX Kurskontrolle ON Kurskontrolle (KNr, FNr);

Literaturverzeichnis

[Vetter, 90]
Vetter,M: Aufbau betrieblicher Informationssysteme mittels konzeptioneller Datenmodellierung. 6. Auflage, Teubner, Stuttgart, 1990

[Zehnder, 86]
Zehnder,C.A.: Informatik-Projektentwicklung, Teubner, Stuttgart, 1986

[Zehnder, 87]
Zehnder,C.A.: Informationssysteme und Datenbanken. 4. Auflage, Teubner, Stuttgart, 1987

Sachwortverzeichnis

<, 126
<=, 126
<>, 126
=, 126; 132
>, 126
>=, 126

A

Abfragen
- einfache, 122
- mit Bedingungen, 125
- verschachtelte, 130
Abfragesprachen, 112
Abhängigkeit, 49
- funktionale, 50
- transitive, 50
- volle, 50
ADD, 117
ALTER TABLE, 117
Applikationsprogramme, 112
Applikationssoftware erstellen, 100
ASC, 122; 127
Assoziation, 16
Assoziationstyp, 16
Attribut, 14
- diskriminierendes, 47
- globales, 56; 59
- lokales, 56; 59; 69
Attribute, 116
Attributwert, 14
Aufgabenstellung, 62
AVG, 128

B

Benutzer schulen, 109
Benutzermasken erstellen, 100
Betriebsstatistiken, 112
Bezeichner, eigene, 124
Beziehung, 16
- 1-1, 20
- 1-c, 21
- 1-m, 23
- 1-mc, 24
- c-c, 24
- c-m, 27
- c-mc, 29
- festlegen, 63
- hierarchische, 17
- indirekt rekursive, 40
- konditionelle, 17
- m-m, 31
- m-mc, 33
- mc-mc, 35
- mehrfach, 41
- netzwerkförmige, 17
- rekursive, 37
- transformieren, 18; 26
- Unter/Obermengen, 43

C

CHAR, 116
COUNT, 124; 128
CREATE INDEX, 118
CREATE TABLE, 116

D

Data Definition Language, 6
data dictionary, 112
Data Manipulation Language, 7
Data Retrievel Language, 7
Data Security Language, 7
DATE, 116
Datenabfrage, 7; 122
Datenbank, 5; 15
   - Administrator, 111
   - design, 109
   - Dokumentation, 112
   - hierarchische, 8
   - modelle, 8
   - relationale, 10; 11
   - sprache, 6
   - Verwaltungssystem, 6
Datenbanktechniker, 111
Datenbasis, 15; 57; 116
   - entwerfen, 91
   - implementieren, 93
Datendefinition, 6; 116
Datenintegrität, 6; 81
Datenintegritätsmassnahmen, 112
Datenkatalog, 112
Datenkonsistenz, 13; 49; 81
Datenmanipulation, 7; 74; 119
Datenmutation, 74
Datensatz, 14
Datensätze, 14; 116
   - einfügen, 119
   - gruppieren, 128
   - löschen, 121
   - nachführen, 120
   - sortieren, 126
Datenschutz, 7; 83
Datensicherung, 82
Datensystem, 15
Datum, 14
DBA, 111
DELETE FROM, 121
DESC, 122; 127
Dienstprogrammen, 112
DISTINCT, 122
Dokumentation, 106
Domäne, 15

E

Entität, 14
Entitätenblockdiagramm, 17
Entitätsmenge, 14
Entitätsmengen bilden, 63
Entitätsmengenüberdeckung, 45
Entitätsmengenüberlappung
   - nicht zugelassen, 47
   - zugelassen, 44
Entity Relationship, 13
Entwicklungsmethoden, 109
Entwurfskonzept, logisches, 113
Entwurfsprozess, logischer, 60

F

Formelausdruck, 124
Fremdschlüssel, 19
FROM, 122

G

Generalisierung, 43
GROUP BY, 122; 128

H

HAVING, 122; 129
Hilfsmittel, 112

I

Id-Schlüssel, 18
Identifikationsschlüssel, 18
   - definieren, 64
IN, 130; 131; 132
Indizierung, 95
INSERT INTO, 119

J,K

Joining, 132
Konsistenzbedingungen, 71
Kurzschreibweise, 19
Maskengenerator, 7

M

MAX, 124; 128
Menügenerator, 7
Menüsystem aufbauen, 107
MIN, 124; 128
Missbräuche, 112
MODIFY, 117
Mutationsanomalie, 49

N

Normalform
    - 1., 52
    - 2., 53
    - 3., 54
    - 4., 57
    - höhere, 56
    - optimale, 57
Normalisieren, global, 65
normalisiert, 55
Normalisierung, 13
    - globale, 56
NOT, 126
NOT IN, 134
NOT NULL, 116; 117
Nullwert, 15
NUMBER, 116
Numerierungssysteme, 112

O

ON, 118
Operatoren, logische, 126
ORDER BY, 122; 126
Ordnungsbegriffe, 112

P

Passwörter, 112
Passwörter, falsche, 112
Pflichtenheft, 89
Pilotstudien, 113
Primärschlüssel, 18
Progammgenerierung, 110
Programmieraufwand, 104
Projektablauf, 88
Projektleitung, 113
Projektorganisation, 88
Projektverwaltung, 109
Prototypen, 113
Pseudotabellen, 97

Q,R

Query, 122
Redundanzen, 13
referentielle Integrität, 71; 103; 117
Relation, 14; 116
Relationenmodell, 13
Report erstellen, 106
Reportgenerator, 7

S

SELECT, 122
SET, 120
Softwareunterhalt, 113
Spaltenname, 14
Speicherverknappungen, 112
Spezialisierung, 43
SQL, 116
Stammdaten, 75
Strukturregeln, 58
Subqueries, 130
SUM, 128
Synonyme, 99
Systembetreuung, 111
Systemüberlastungen, 112

T

Tabellen, 14; 116
 - ändern, 117
 - erstellen, 116
 - generieren, 94
 - indizieren, 95; 118
 - verknüpfen, 132
Tabellenname, 14; 134
Transaktionen, 74
 - programmieren, 102
Transformation, 26
Tupel, 14

U

UNIQUE, 118
UPDATE, 120

V

VALUES, 119
Views, 97

W

Wert, 14
Wertebereich, 15
 - dynamischer, 59
 - statischer, 58
Wertekombination, 20
WHERE, 120; 121; 122; 125

Z

Zugriffe, erfolglose, 112
Zugriffsbefugnistabellen, 112
Zugriffsberechtigungen, 5
 - definieren, 92
 - erteilen, 97
Zugriffszeitverhalten, 112